Reversible Crochet

リバーシブル クロッシェ

タニス・ガリック／著
西村知子／翻訳

Contents

P.4 **Introduction**

Section 1
リバーシブル クロッシェの基本

- P.8 　基本の編み方
- P.11　編み方のポイント
- P.14　素材と針について
- P.14　記号図の見方

Section 2
ステッチ ライブラリー

Single Designs シングル デザイン

- P.18　1.フィレ メッシュ
- P.19　2.ジグザグ
- P.20　3.キャッスルトップ
- P.21　4.小枝
- P.22　5.ダイヤモンド
- P.23　6.ライン
- P.24　7.ダブルジグザグ
- P.25　8.デコボコ
- P.26　9.トリプルジグザグ
- P.27　10.マウンテンズ

Double Designs ダブル デザイン

- P.28　1&2.ボーダー／ストライプ
- P.29　3&4.グラフ／コラム
- P.30　5&6.スクエア／クロス
- P.31　7&8.ダブルコラム／フェザー
- P.32　9&10.スティック／ラティス
- P.33　11&12.ウィンドウ／フォーク
- P.34　13&14.つぼみ／アメーバ
- P.35　15&16.テキスト／ピンホイール
- P.36　17&18.帽子／鳥の足跡
- P.37　19&20.フリーウェイ／ラッシュアワー
- P.38　21&22.シェブロン模様：ライト／ダーク

この本に関するご質問は、お電話またはWebで
書名／リバーシブル クロッシェ
本のコード／ NV70527
編集担当／曽我圭子
Tel：03-3383-0637（平日13：00 〜 17：00受付）
Webサイト「手作りタウン」https://tezukuritown.com
※サイト内（お問合せ）からお入りください（終日受付）

●本誌に掲載の作品を複製して販売（店頭、ネットオークション等）することは禁止されています。手づくりを楽しむためにのみご利用ください。

Section 3
作品について

P.40	23&24.渓谷／サンダーバード		P.66	秋色のスカーフ
P.41	25&26.ウェーブ：ダーク／ライト		P.67	カラー ウェーブのスカーフ
P.42	27&28.山脈：ダーク／ライト		P.72	バイカラーのビジネストート
P.43	29&30.ボックス／レール		P.73	マリンカラーの巾着バッグ
P.44	31&32.チェーン／罫線		P.78	エンベロープ バッグ
P.45	33&34.グラフ&コラム／フェザー&ストライプ		P.79	イブニング バッグ
P.46	35&36.グラフ&ボックス／足跡		P.84	ピンクと白のベビーブランケット
P.47	37&38.角柱／エイチ		P.85	ハッピーカラーのベビーブランケット
P.48	39&40.グラニースクエア／スタースクエア		P.92	パネル ブランケット
P.49	41&42.スネーク／ロープ		P.93	ドリーム ブランケット
P.50	43&44.レンガ／波			
P.51	45&46.タイルモザイク／レース模様		P.102	編み目記号の編み方
P.52	47&48.アスタリスク／インクマーク			
P.53	49&50.バスケット／シンプルバスケット			
P.54	51&52.楕円／ストライプ&ダブルチェーン			
P.55	53&54.縞リボン／縦リボン			
P.56	55&56.ガーデン／フォレスト			
P.57	57&58.はしご：ライト／ダーク			
P.58	59&60.ボックス&スティック／シンプルプレイド			
P.59	61&62.ランニングマン／砂嵐			
P.60	63&64.チェッカーボード／星空			
P.61	65&66.ボックス&ブリッジ／フェンス			
P.62	67&68.格子トリプルコラム／ナンバー118			
P.63	69&70.格子ダブルコラム／ナンバー8			

Introduction

幸せがたっぷり降り注ぎますように…。アメリカでは妊娠中のママをお祝いするベビーシャワーというイベントがあります。そのパーティでは、ベビーのためにちょっとしたプレゼントを贈るのが一般的です。
たとえば、そんなプレゼントの中に手編みのベビーブランケットがあったとしたら？ 包みを開けた瞬間は、誰もが想定内のアイテムに想定内の笑顔を浮かべるはず。ところが手から手へ、集まった人たちの間をその品が回り始めると、編み物に詳しい女性たちがこぞって編み地のチェックを始めるでしょう。何度もひっくり返しては元に戻し、やっと一人が「これはどのように編むの？」と声を上げます。ブランケットの表と裏が別々の模様になっていることがどうしても腑に落ちないのです。そんなサプライズを与えてくれるのが、このリバーシブル クロッシェなのです。
いくつか簡単な技法を習得すれば、大切な家族や友人だけでなく、かぎ針編みの経験を積んだ人たちでも驚くような一点ものを編めるようになります。前出のたとえ話も現実のものになるでしょう。みなさんもそんなリバーシブルクロッシェの可能性を楽しんでみませんか？

Section 1
リバーシブル クロッシェの基本

リバーシブル クロッシェ（インターロッキング クロッシェ）はかぎ針編みの技法の一つです。他にもダブル フィレ、インターメッシュ、インターウィーブ クロッシェ等、様々な名称で呼ばれています。

この技法は方眼編みの編み地を2枚同時に編み進めながら、お互いに重ね合わせます。1段ごとに表と裏で1回ずつ（計2回）編んで完成させます。一方の編み地の手前で編み目を編むこともあれば、編み地の向こう側で編むこともあります。このように編み地の手前になる目と向こう側に隠れる目を組み合わせることで、様々な幾何学模様が生まれるのです。この技法の面白い点は、両面にきれいな模様（リバーシブルな編み地）ができるだけでなく、表裏で異なる模様にすることができることです。

私は20年前にリバーシブル クロッシェを初めて学び、以来その可能性をずっと試し続けています。実のところ、中毒性があるかもしれません。「どのようなデザインができるだろうか」、「裏面の模様はどうなっているだろうか」、「鏡に映したような同じ模様になるのか、それともまったく異なる模様になるのだろうか」。考え出すともう止まりません。その結果、リバーシブル クロッシェしか使わなくなってしまいました。

もちろん作品は無限に作れます。ブランケット、ラグ、ベッドカバー、スカーフ、ポンチョ、ハンドバッグ。でも、私にとって最も胸が躍る瞬間は、誰かの顔が驚きの表情に満ち溢れるときです。特にブランケットを裏返したり、バッグを裏返して、まったく新しいデザインに変身した瞬間の、特に編み物の経験者の表情を見るのが楽しみなのです。みなさんもリバーシブル クロッシェのアイテムを編んだら、私と同じように楽しまれることと思います。

本書のステッチ ライブラリーの模様を一通り覚えたら、次の章で紹介しているリバーシブル クロッシェの作品もお試しください。そして自分が使いたいアイテムに模様をアレンジしてオンリーワンの作品を作ってください。

基本の編み方

Step 1
土台となる方眼編み（フィレ メッシュ）の段を編む

リバーシブルクロッシェのベースとなるのは方眼編み（フィレ メッシュ）。鎖1目と両側の長編みでマスを作る方眼編みです。本書のほとんどの作品はA色とB色の2色それぞれで方眼編みを1段編むところから始まります。B色で編むマスの数は常にA色より1マス少なくなります。

土台の段A：Aの糸で、「2の倍数+1目+4目（立ち上がりの鎖3目と間の鎖）」の鎖目を編み、1段方眼編みをして、休ませておきます。この段に「5マス」作る場合は、鎖を15目［（5×2）+1+4］、針から7目めの鎖目に長編みを編みます。【鎖1目、次の鎖を1目飛ばし、その次の鎖に長編みを編む】、【～】を段の最後までくり返します。

土台の段B：Bの糸で、Aの作り目より鎖目を2目少なく編み、1段方眼編みをします。「4マス（上記より1マス少なく）」作るには、鎖を13目［（4×2）+1+4］、針から7目めの鎖目に長編みを編みます。【鎖1目、次の鎖を1目飛ばし、その次の鎖に長編みを編む】、【～】を段の最後までくり返します。

片方の色の糸を休ませる場合には、針にかかっている最後の目に段数マーカー（もしくは安全ピン等）をつけておくとよいでしょう。または目がほどけないように最後のループを大きく引き伸ばしておきます。

Step 2
編み地を重ねる

次に、A色の編み地をB色の編み地の上に重ねます。このとき糸は同じ方向に、右利きの場合は右側、左利きの場合は左側に出しておきます。（図1）

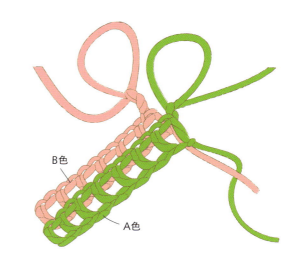

図1：方眼編みの編み地のA色をB色の上に重ねる。

Step 3
最初の段を編む

本書全体を通して「サイド1」は表面、「サイド2」が裏面です。土台の段を編んだ後、編み地を返した状態で、A色の編み地をB色の編み地の上に重ねます。A色の面が表面となります。（A色の編み地の裏側を見た状態になりますが、各色の編み地ではなく、A色側、B色側で表裏が分かれます。）また2枚重ねた編み地では、方眼編みの幅の広い方の面が表面、狭い方（B色）が裏面となります。

Section 1
リバーシブル クロッシェの基本

方眼模様の「1段め」（土台の段の次の段）はA色の編み地に編みつけ、その次にB色の「1段め」を編みます。編み目は必ず前段の長編みに編みます。前段の「鎖1目」に束に編みつけることはないため、手順の指示の中でも「鎖1目」にふれることはありません。毎段編む度に、長編みをもう片方の編み地の「手前」もしくは「向こう側」になるように編みます。この点を簡略化するために、新しい記号を取り入れています。

- → （=「バック」）もう片方の編み地の向こう側に長編みを編む
- → （=「フロント」）もう片方の編み地の手前に長編みを編む

このように表と裏の編み目を編むには、針先を片方の編み地のマスの中をくぐらせて、もう片方の編み地の長編みに編み入れる必要も出てきます。またこれらの手順の変形の引き上げ長編みもあります。この編み方ではより厚みのある編み地に仕上がるため、キャリーオール バッグ、ラグ等、耐久性が必要なアイテムに役立ちます。

決して忘れてはならないのは、A色の編み目はA色の編み地に、B色の編み目はB色の編み地に編み入れるという点です。方眼編みの編み地同士を直接的に編みつなげることは決してありません。編みながら重ね合わせるのです。編む際には、もう片方の編み地の手前または向こう側に編み入れること、つまり、もう片方の編み地を編み包まないよう気をつけます。

Step 4
編み地の返し方

次の段に移る際は編み地を（2枚重なった状態で）返します。今度はB色の編み地がA色の上になります。糸は記号図に従ってB色の糸を手前または向こう側におきます。段を編み始める前に、B色をどちらにおくかが大事なポイントとなります。B色の糸を向こう側におく（図2）または手前側におく（図3）かは、この段でB色の最初の目の編み方によって異なります。例えば、B色の1目めを「フロント」に編む場合には「手前」、「バック」に編む場合には「向こう側」においておきます。ただA色とB色のどちらの面が上になっていても、必ずA色を先に編んでから、B色はその後を追うように編みます。

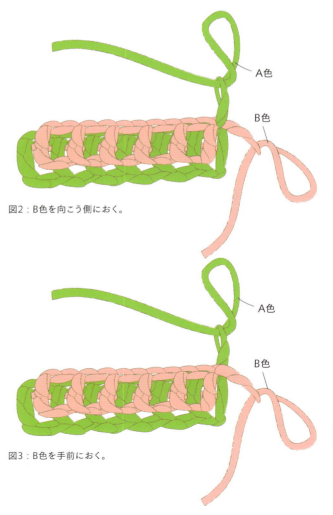

図2：B色を向こう側におく。

図3：B色を手前におく。

Step 5

パネル（編み地）を仕上げる

パネルを仕上げる際には、（そのパネルがバッグのように1種類の模様のものであっても、ブランケットのように複数の模様を組み合わせた場合でも）模様が完成し、左右対称になっているか確認しましょう。場合によっては、パネルの最終段を最初の段と合わせる必要があります。

またパネルの両端を確認して、左右のバランスが取れていることも確認しましょう。模様によっては最後にA色の面だけ1段（方眼編みの段）を編み足す場合があります。最後の段が「裏面」の場合、A色の段を「表面」から「フロント」を、または最後の段が「表面」の場合には「裏面」に「バック」を編み足すと編み終わりの端が整います。

また、模様を一通り最後まで編み切らないと完結しないこともあります。パネルの両面、両端を確認して模様のバランスを確認するようにしましょう。

Step 6

縁編み／パネルの表面、裏面をつなぎ合わせる

模様の最終段を編み終えても糸を切らずにおきましょう。同じ糸を使って直接縁編みを編むことができます。

最終工程では2枚の編み地をつなぎ合わせます。2枚の編み地の端を合わせて編みながら、縁編みを編みつけます。2枚を合わせて編む前に、それぞれに縁編みを編みつけて寸法を合わせる場合もあります。この場合、縁編みを編む前は「裏面」の寸法が「表面」よりやや小さくなっています。これは1段のマスの数も段数も少ないからです。従って、「裏面」の縁編みには高さを出す編み目（例えば「裏面」には中長編み、「表面」には細編み）を用います。このように手を加えることで、リバーシブルな編み地が完成します。

編むときの注意点

・糸同士の絡みを解消しながら編みましょう。2つの糸玉を使って、1段ごとに編み地を返しながら編むため、定期的に糸の絡みを解消させる必要があります。複数の糸玉で編むための容器（ヤーンボウル）を使う方法もあります。この場合も1段（AとB）を編む度に容器を1回転させます。

・A色のマス数は常にB色のマス数より1マス多くなります。

・編み目を休ませておく場合には、目を大きく引っ張っておくか、段数マーカーをつけて、簡単にほどけないようにしておきましょう。

・段の編み始めは、B色を手前側または向こう側のどちらに倒しておくかきちんと確認しておきましょう。このチェックをおこたると、端がきれいに整いません。

・A色の編み目にはA色で、B色の編み目にはB色で編みます。

・編み地を編み包まないように気をつけましょう。編み包まないようにするには、次に編むマスに針先をくぐらせる前に、針先に（長編みを編むための）糸をかけておきます。

・B色の編み目には、必ず対応するA色のマスがあります。

・編み入れる目（前段の頭）に編み入れやすいようにマスの位置を合わせたり、編み地を倒したりして編みやすくする工夫をしましょう。

・必ずA色とB色で編んでから編み地を返して次の段を編みます。

・A色が上に重なっている面を「表面」としています。

Section 1
リバーシブル クロッシェの基本

編み方のポイント

方眼編み（フィレ メッシュ）

基本的な方眼編みを編むには、まず鎖の作り目を「2の倍数＋1＋4目」、作ります（つまり、15、17、19、21目…）。本書中の作品には各作品に必要な作り目の数を記載しています。

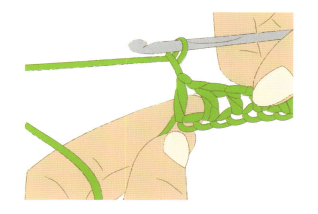

1段め：針から7目めの鎖目に長編みを編みます。【鎖1目、次の鎖を1目飛ばし、その次の鎖に長編みを編む】、【〜】を段の最後までくり返します。

2段め：4目の鎖目（長編み1目と鎖1目）、長編み1目、【鎖1目、前段の鎖1目のスペースを飛ばし、その次の長編みの頭に長編みを編む】、【〜】をくり返し編み、最後は立ち上がりの鎖3目めに長編みを編む。
上記の2段めの手順をくり返して、方眼編みを編みます。

編み地の向こう側に長編みを編む： 「バック」

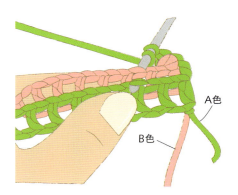
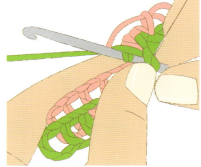
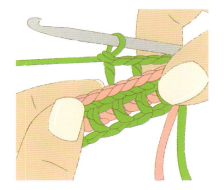

1 編み始め
針先に糸をかけ、B色の方眼編みの編み地の向こう側から針先をB色の方眼のマスをくぐらせて、A色の長編みの頭2本に針先を入れます。

2 A色のマスの目を引き出す
A色の長編みを編むための目をB色のマスの向こう側に引き出します。

3 「バック」を完成させる
続けて、通常の長編みをB色の編み地の向こう側に編みます。

編み地の手前に長編みを編む：「フロント」

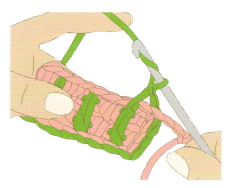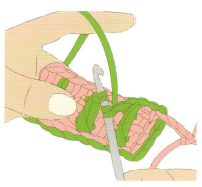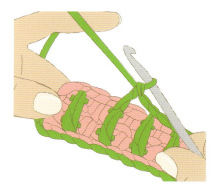

1 編み始め
マスを介して「フロント」を編む場合、次に針を入れる先の編み目（グリーン）は、編んでいない方の色の方眼（ピンク）の間から見えます。ここではピンクの方眼に対してグリーンの長編みでマスを編み進めています。針先に糸をかけ、次に編み入れる先の長編みはマスと重なっています。

2 グリーンのマスの目を引き出す
針先を方眼の手前に移し、マスを通して長編みを編み入れる目の頭（半目2本）に針先を入れ、手前に引き出します。

3 「フロント」を完成させる
続けて、引き出した長編みの頭に針を入れ、通常の長編みを編みます。

長編み表引き上げ編み目 ／ 裏引き上げ編み目

「表引き上げ編み目」は（図示しているように）、「フロント」と同じように編みますが、針を前段の頭に入れる代わりに、前段の編み目の足の部分に針先を手前から入れて編みます。

「裏引き上げ編み目」は（図示していない）、「フロント引き上げ」と同じですが、針先を編み地の向こう側から入れます。

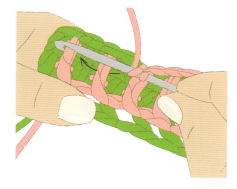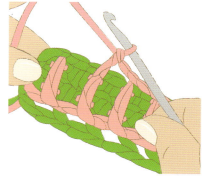

1 「フロント引き上げ」の編み始め
針先に糸をかけ、ピンクの長編みの足に矢印のように針先を入れます。

2 長編みを編む
あとは通常の長編みを編みます。裏引き上げ編み目は編み地の向こう側から針先を方眼のマスにくぐらせて、長編みの足に針を入れて編みます。

Section 1
リバーシブル クロッシェの基本

編み地のまとめ方

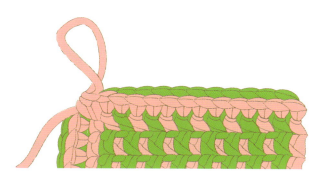

1 2枚それぞれに縁編みを編む

編み地を編み終えると、編み地は重なっているものの、端がつながっていない状態になります。それぞれの作品の手順に従って、まず2枚それぞれに縁編みを編みつけます。

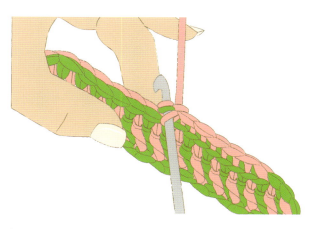

2 2枚をつなげるための細編みを編む

各作品の手順の中で、2枚を合わせるにはどちらの糸を使うか、またどこから編み始めるかを記載しています。ここでは裏面（ピンク）の糸で表面（グリーン）を見ながら編んでいます。
2枚を合わせた状態で細編みを編みます。このとき、グリーンの最後の目の向こう側半目とピンクの編み地の手前側半目に針を入れて編みます。

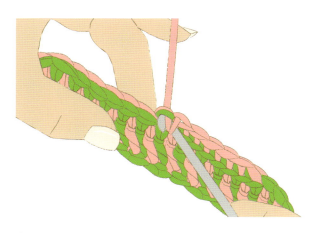

3 針先に糸をかけて2本の半目から引き出す

針に糸をかけて、グリーンの向こう側半目とピンクの手前側半目の両方から引き出します。針先にはループが2本かかった状態になります。

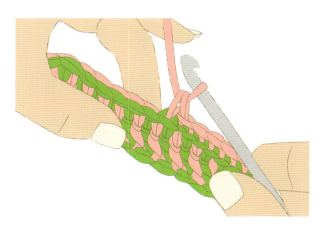

4 細編みを完成する

針先に再び糸をかけて残った2本から引き出して細編みを完成させます。
※グリーンの編み地はピンクの編み地より目数が多いので、縁編みを均一に編むためにはグリーンの編み地には1目ずつ編み入れながらもピンクの編み地には時々同じ目に2目編み入れて調整します。あとは糸を止めて、糸始末します。

素材と針について

糸

編み地の厚みが通常の2倍になるため、ベビーブランケット、スカーフ、ブランケットなどには柔らかい糸を使うようにします。並太〜合太程度のアクリル、アルパカ、シルク、軽めのウール素材が適しています。耐久性が必要となる作品（バッグやラグ等）には、重みがあり伸縮性の少ないウール素材やシルク、コットン、ナイロンの糸を使用するとよいでしょう。いずれの場合も表面が滑らかなストレートヤーンがよいです。ファンシーヤーンは、1段を2回編む過程でつれたり絡まったりする可能性があります。

また色はあまり近い色（例えばクリーム色と黄色等）の組み合わせは避けましょう。模様が見えにくく、1段を2回編む際にも色の判別がしにくくなります。模様が映えるようにするためにも、コントラストの強い配色が最適です。

※糸の太さの目安

本書の作品（P.64〜）では、使用する糸の太さを極細、合細、中細、合太、並太、極太タイプと表記しています。作品は海外の糸を使用しているため、材料に記載した糸の太さや使用量は目安になります。実際に作品を編む際は、各作品に使用する糸とかぎ針の太さを目安にして、糸玉のラベルの表記を確認の上、糸を選ぶとよいでしょう。また編み始める前には必ず試し編みをして、ゲージを確認してください。

かぎ針

かぎ針はゆるめに編めるものを使用します。編み目やマスを編みやすくするために、使用糸の標準号数より1号太い針を使うとよいかもしれません。

その他

片方の色で編む間に、もう片方の編み地は目を休ませておくため、休ませる目に取り外し可能なマーカー（段数マーカー）をつけておくとよいです。また、針を外した目の糸を引っぱって、解けにくいようにしておく方法もあります。糸始末をする際には、とじ針や針先の細いかぎ針を使います。

記号図の見方

P.18から始まるステッチ ライブラリー（模様集）では編み方を記号図で紹介しています。

右ページを参照して、編み方をきちんと理解してから編み進めましょう。同じ長編みでも、前段の鎖が長編みの手前にあるか、向こう側にあるかで編み方が違います。また、先にAの糸で編みますが、Bの糸を手前において編むか、向こう側において編むかを立ち上がりの鎖の重なりで判断します。Aの鎖が上になっていれば、Bの糸は向こう側において編み始め、Bの鎖が上になっていれば、Bの糸は手前側において編み始めます。

Single Designは表面、裏面とも同じ表情になります（一部対称に見えるものもあります）。表面から見た記号図のみ表記しています。

Double Designsは表面と裏面の表情がちがっています。全く同じ記号図ですが、表面の記号図と裏面の記号図を表記しています。基本的には表面の記号図を見て編み進めるとよいのですが、慣れるまで1、3、5段め（奇数段）は表面、2、4、6段め（偶数段）は裏面を見ながら編むと編みやすいでしょう。

記号図の薄いアミはB色が手前に見えているところを示しています。少し編んだ段階で、同じような模様が浮き上がっているか確認しながら編み進めましょう。

スワッチを編んだり、作品に用いる場合は、作り目の目数の計算方法を参考にアレンジしてください。

- ＝鎖編み
- ＝長編み
- ＝長編みの表引き上げ編み
- ＝長編みの裏引き上げ編み

Section 1

リバーシブル クロッシェの基本

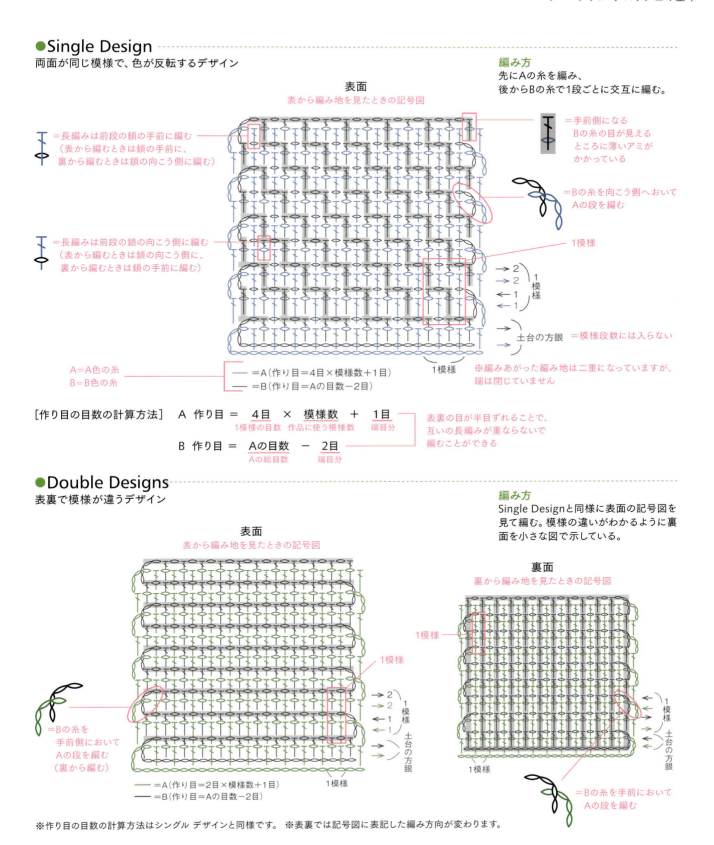

Section 2
ステッチ ライブラリー

この章では **Single Designs** と **Double Designs** の２つのパートに分けて、模様のバリエーションを紹介します。

Single Designs は両面が同じ模様になるデザインです。シンプルで編みやすいデザインなので、リバーシブル クロッシェの技法に慣れるためには最適です。

ベビーブランケットや複数の模様を組み合わせた大きめのブランケットなどに適しています。特におすすめなのは、2 ジグザグ（P.19）です。難しそうに見えて実は簡単。それなのに仕上がりはとてもインパクトのある模様になります。

Double Designs は表裏の模様が異なるデザインです。たとえば25&26 ウェーブ：ダーク／ライト（P.41）や 57&58 梯子：ライト／ダーク（P.57）は、表面の土台がA色（緑）、模様がB色（白）になります。裏面も同じ模様ですが、色が反転するので、B色が土台になり、A色が模様になります。

それだけではありません。**Double Designs** には表と裏でまったく異なる模様になるものも数多くあります。11&12 ウィンドウ／フォーク（P.33）や 63&64 チェッカーボード／星空（P.60）はその１例です。バッグ、スカーフ、ブランケットなどのアイテムに利用すると、意外性のある楽しいデザインにすることができます。複雑に見えますが、記号図どおりに編めば **Single Designs** と同様に手軽に編むことができるでしょう。

Single Designs　シングル デザイン

Single Design 1 ●フィレメッシュ

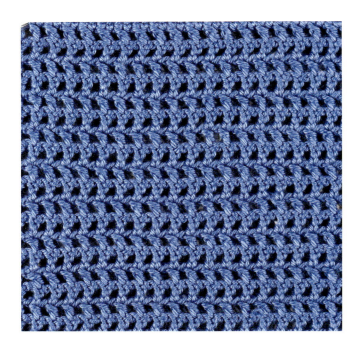

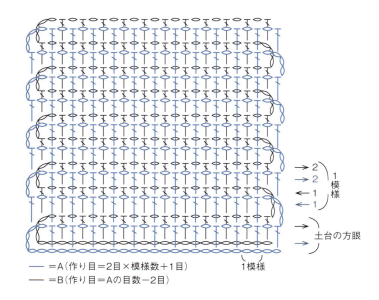

― ＝A（作り目＝2目×模様数＋1目）
― ＝B（作り目＝Aの目数−2目）

Section 2
ステッチ ライブラリー

Single Design 2 ●ジグザグ

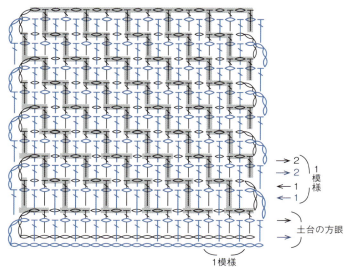

― =A（作り目＝4目×模様数＋1目）
― =B（作り目＝Aの目数－2目）

Single Design 3 ●キャッスルトップ

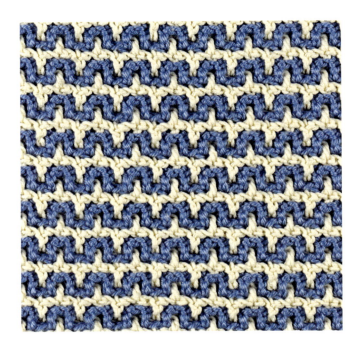

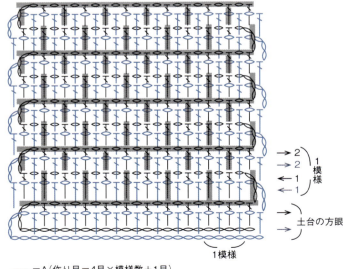

― =A（作り目＝4目×模様数＋1目）
― =B（作り目＝Aの目数−2目）

Section 2
ステッチ ライブラリー

Single Design 4 ● 小枝

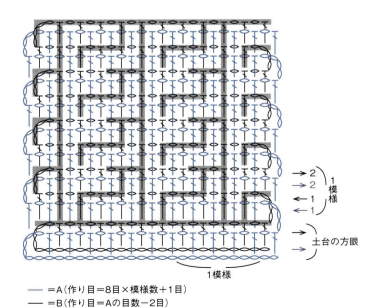

Single Design 5 ●ダイヤモンド

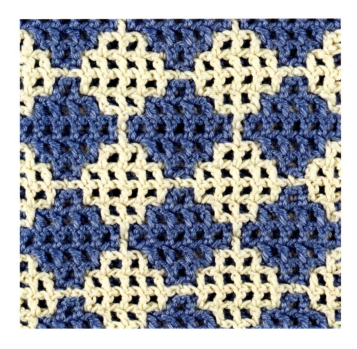

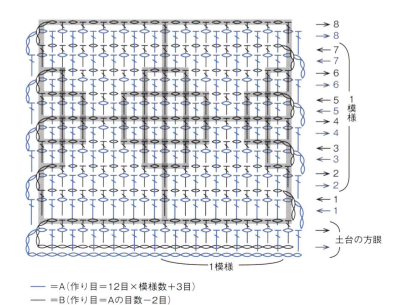

―― =A（作り目=12目×模様数+3目）
―― =B（作り目=Aの目数-2目）

Section 2
ステッチ ライブラリー

Single Design 6 ●ライン

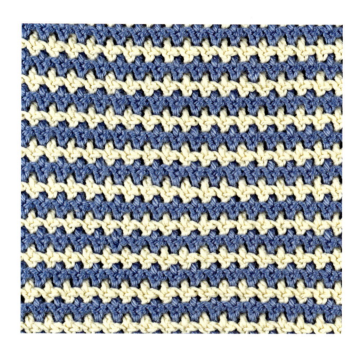

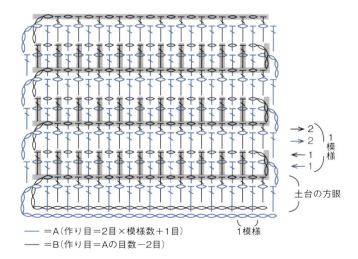

—— =A（作り目＝2目×模様数＋1目）
—— =B（作り目＝Aの目数－2目）

23

Single Design 7 ● ダブルジグザグ

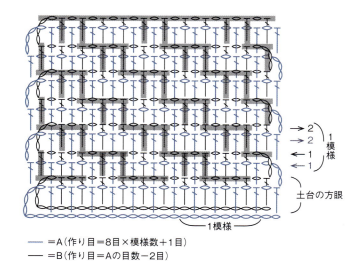

― ＝A（作り目＝8目×模様数＋1目）
― ＝B（作り目＝Aの目数－2目）

Section 2
ステッチ ライブラリー

Single Design 8 ● デコボコ

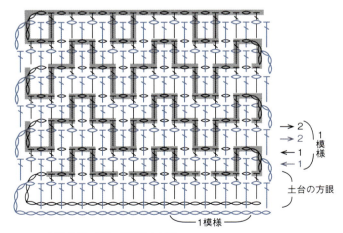

― ＝A（作り目＝8目×模様数＋1目）
― ＝B（作り目＝Aの目数−2目）

Single Design 9 ●トリプルジグザグ

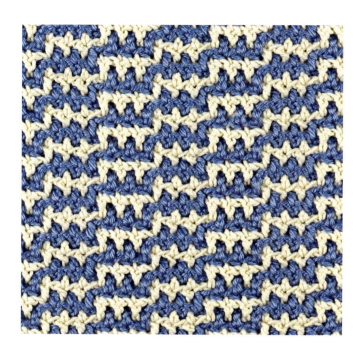

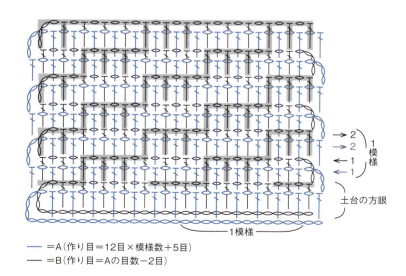

— =A（作り目＝12目×模様数＋5目）
— =B（作り目＝Aの目数－2目）

Section 2
ステッチ ライブラリー

Single Design 10 ●マウンテンズ

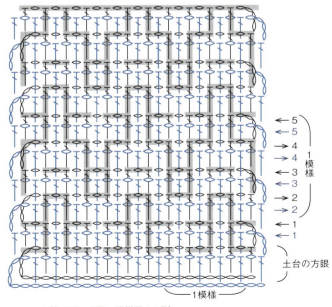

― ＝A（作り目＝8目×模様数＋1目）
― ＝B（作り目＝Aの目数－2目）

Double Designs ダブル デザイン

Double Designs 1&2 ●ボーダー／ストライプ

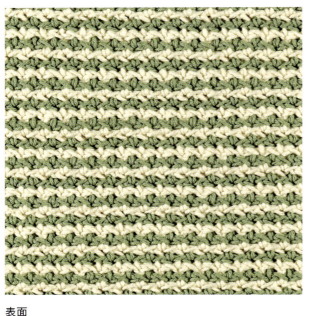

表面

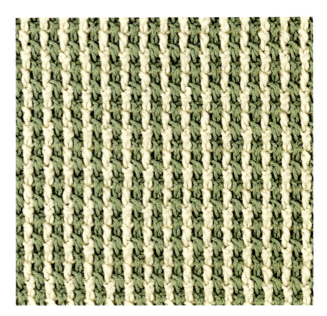

裏面

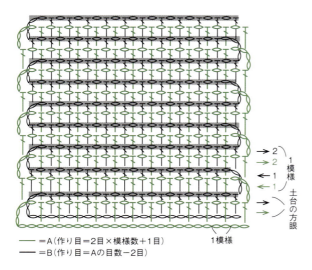

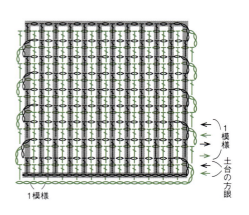

Section 2
ステッチ ライブラリー

Double Designs 3&4 ●グラフ/コラム

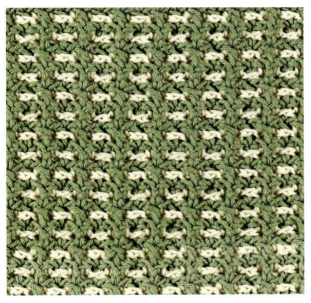

表面

裏面

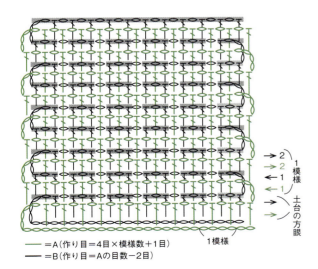

── ＝A（作り目＝4目×模様数＋1目）
── ＝B（作り目＝Aの目数−2目）

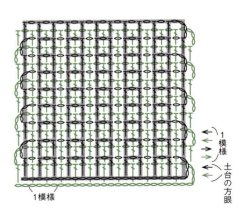

29

Double Designs 5&6 ●スクエア／クロス

表面

裏面

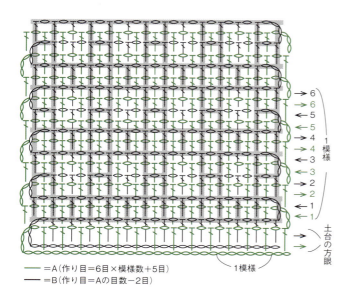

― ＝A（作り目＝6目×模様数＋5目）
― ＝B（作り目＝Aの目数－2目）

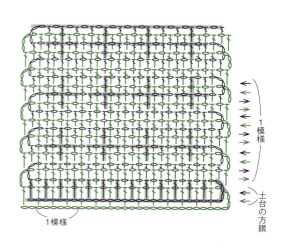

Section 2
ステッチ ライブラリー

Double Designs 7&8 ●ダブルコラム／フェザー

表面

裏面

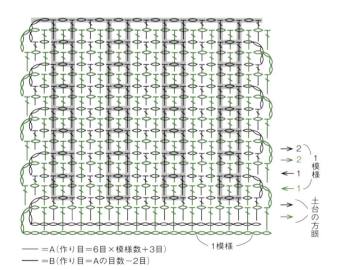

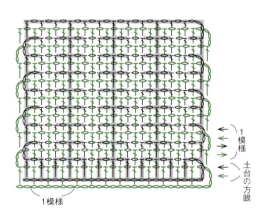

Double Designs 9&10 ● スティック／ラティス

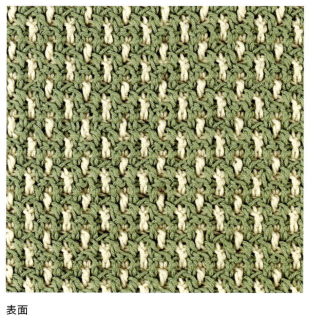

表面

裏面

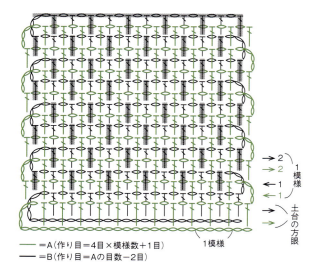

―=A（作り目＝4目×模様数＋1目）
―=B（作り目＝Aの目数−2目）

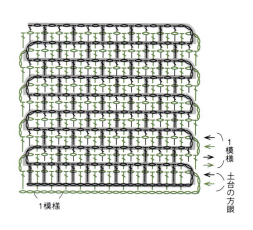

Section 2

ステッチ ライブラリー

Double Designs 11&12 ●ウィンドウ／フォーク

表面

裏面

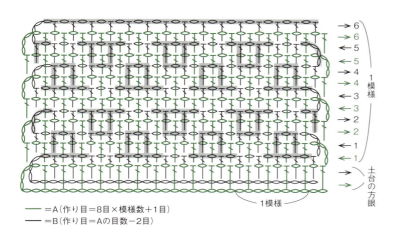

― ＝A（作り目＝8目×模様数＋1目）
― ＝B（作り目＝Aの目数－2目）

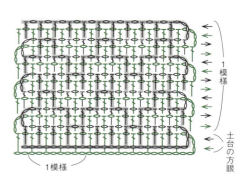

33

Double Designs 13＆14 ●つぼみ／アメーバ

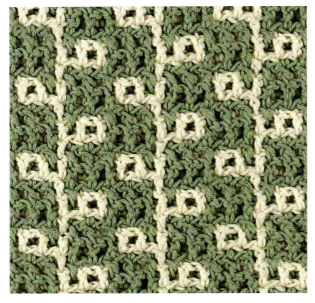

表面

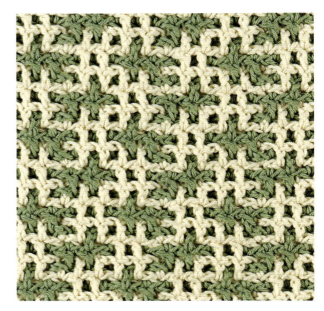

裏面

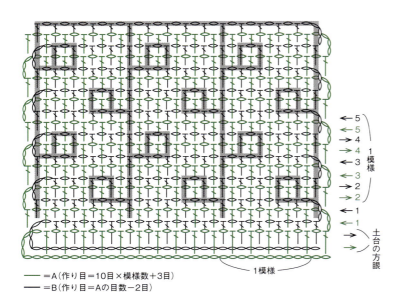

― ＝A（作り目＝10目×模様数＋3目）
― ＝B（作り目＝Aの目数−2目）

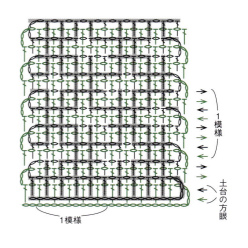

Section 2
ステッチ ライブラリー

Double Designs 15&16 ●テキスト／ピンホイール

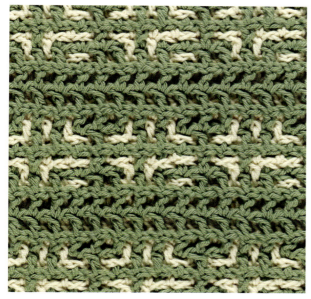

表面

裏面

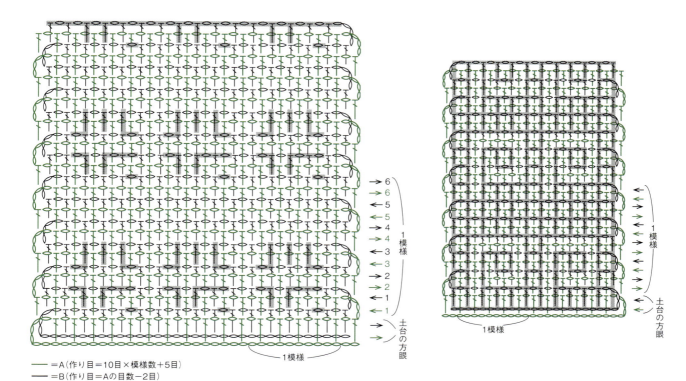

―=A（作り目=10目×模様数+5目）
―=B（作り目=Aの目数−2目）

35

Double Designs 17&18 ●帽子／鳥の足跡

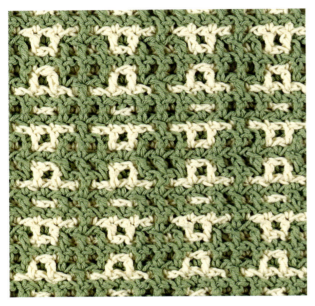

表面

裏面

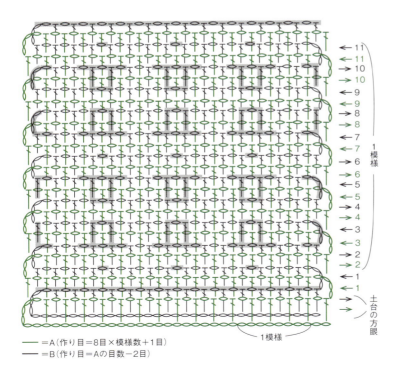

― =A（作り目=8目×模様数+1目）
― =B（作り目=Aの目数-2目）

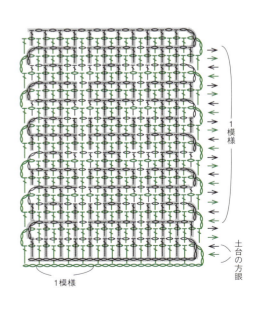

36

Section 2
ステッチ ライブラリー

Double Designs 19&20 ●フリーウェイ／ラッシュアワー

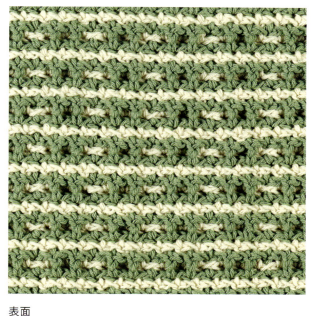

表面

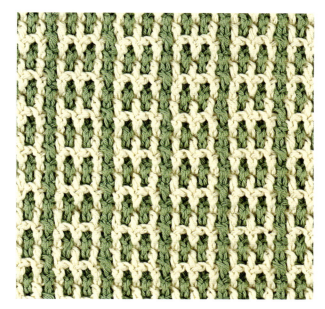

裏面

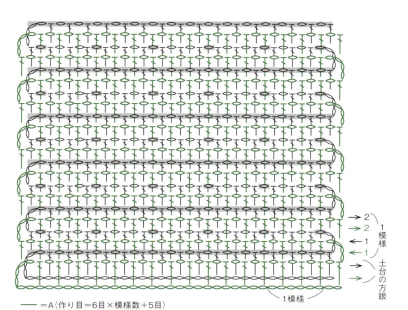

― =A（作り目=6目×模様数+5目）
― =B（作り目=Aの目数-2目）

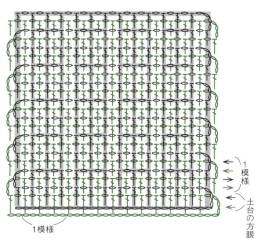

37

Double Designs 21&22 ●シェブロン模様：ライト／ダーク

表面

裏面

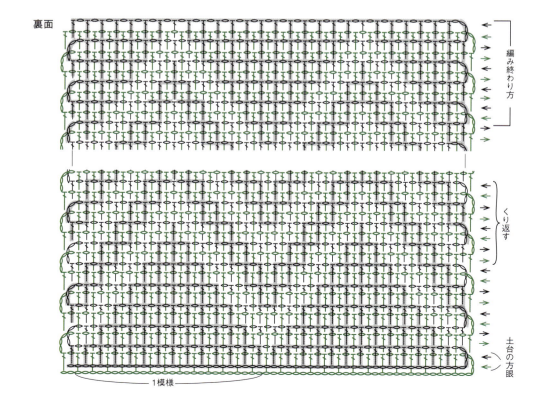

Section 2
ステッチ ライブラリー

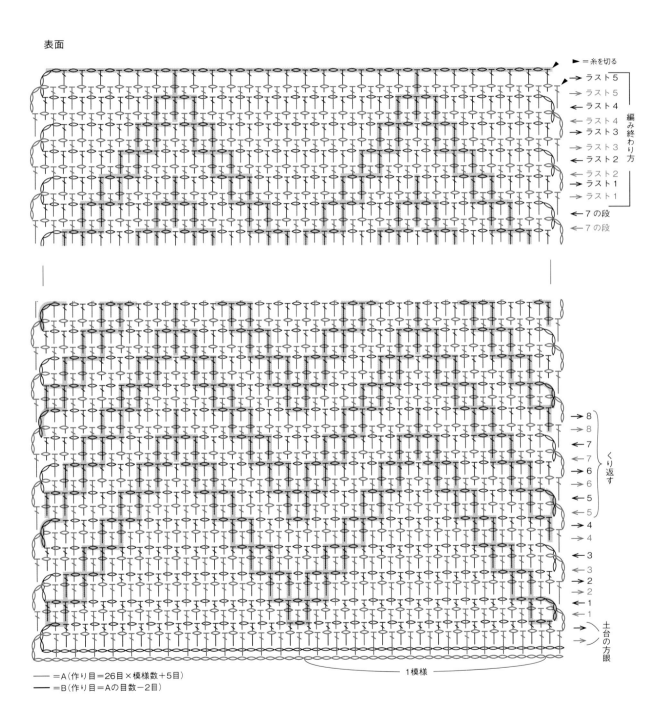

Double Designs 23&24 ●渓谷／サンダーバード

表面

裏面

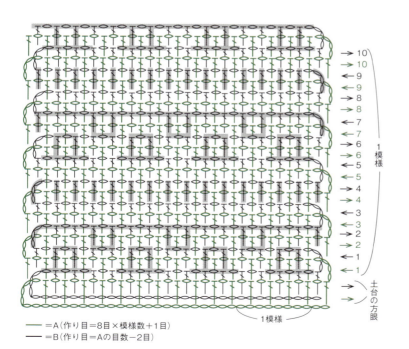

― ＝A（作り目＝8目×模様数＋1目）
― ＝B（作り目＝Aの目数－2目）

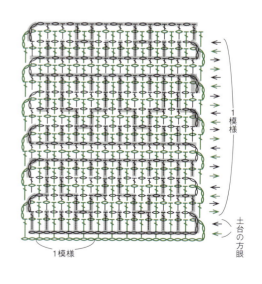

Double Designs 25&26 ●ウェーブ：ダーク／ライト

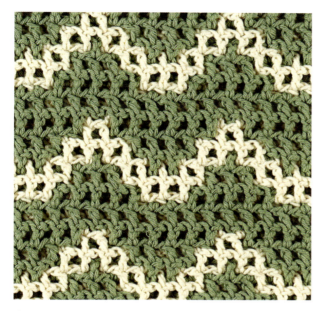

表面

裏面

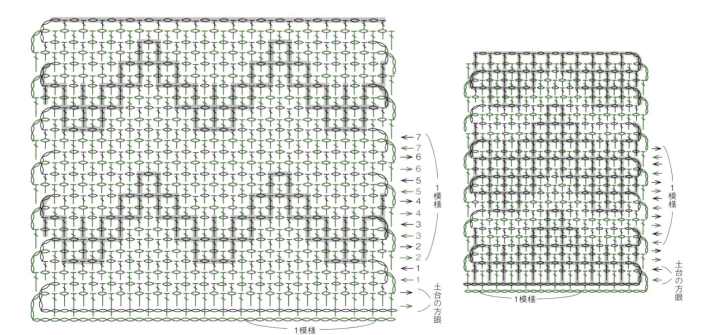

― ＝A（作り目＝14目×模様数＋11目）
― ＝B（作り目＝Aの目数−2目）

Double Designs 27&28 ●山脈:ダーク/ライト

表面

裏面

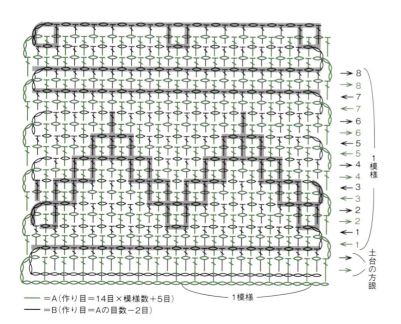

―=A(作り目=14目×模様数+5目)
―=B(作り目=Aの目数-2目)

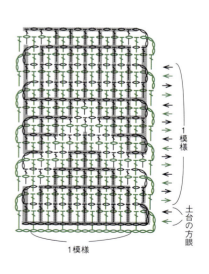

Section 2
ステッチ ライブラリー

Double Designs 29&30 ●ボックス／レール

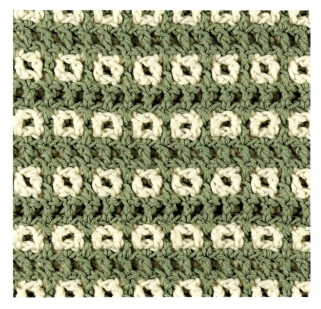

表面

裏面

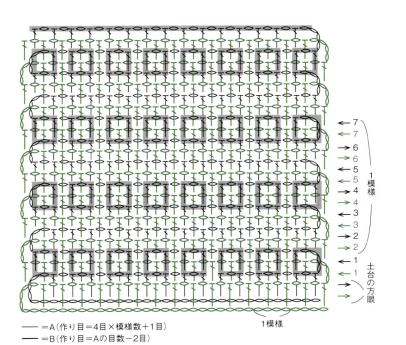

── =A(作り目=4目×模様数+1目)
── =B(作り目=Aの目数-2目)

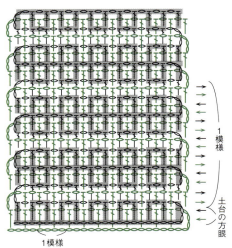

43

Double Designs 31&32 ●チェーン／罫線

表面

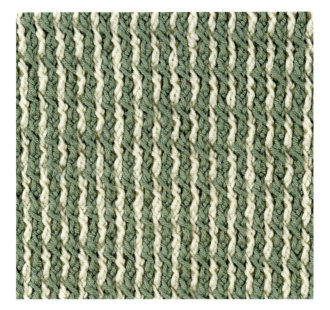

裏面

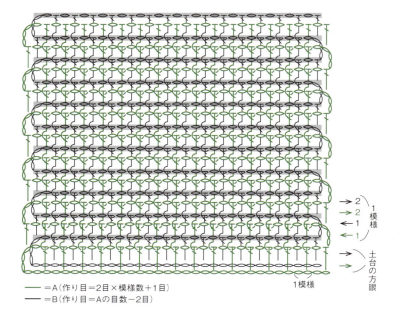

―＝A（作り目＝2目×模様数＋1目）
―＝B（作り目＝Aの目数－2目）

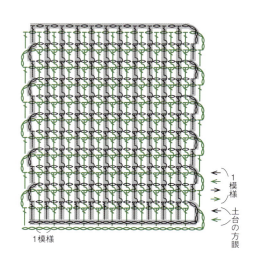

Section 2
ステッチ ライブラリー

Double Designs 33&34 ●グラフ&コラム/フェザー&ストライプ

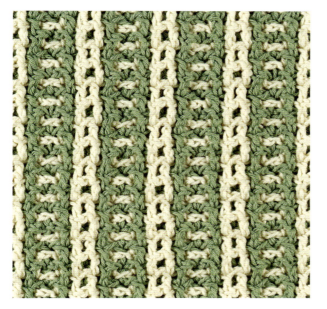

表面

裏面

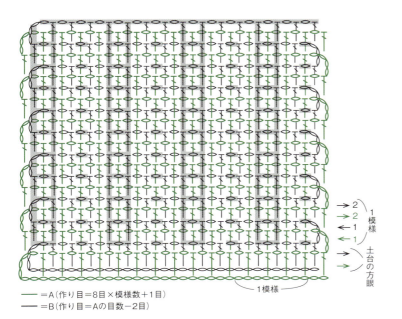

― =A（作り目=8目×模様数+1目）
― =B（作り目=Aの目数－2目）

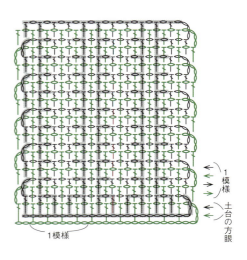

45

Double Designs 35&36 ●グラフ＆ボックス／足跡

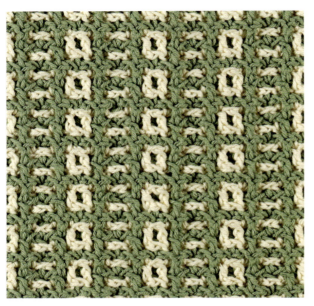

表面

裏面

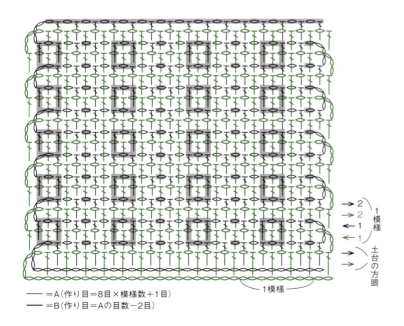

―＝A（作り目＝8目×模様数＋1目）
―＝B（作り目＝Aの目数－2目）

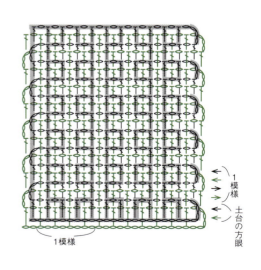

Section 2
ステッチ ライブラリー

Double Designs 37&38 ●角柱／エイチ

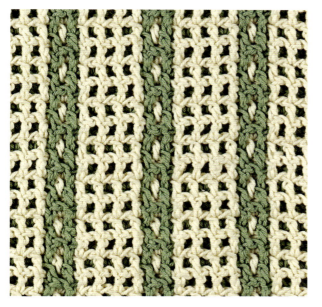

表面

裏面

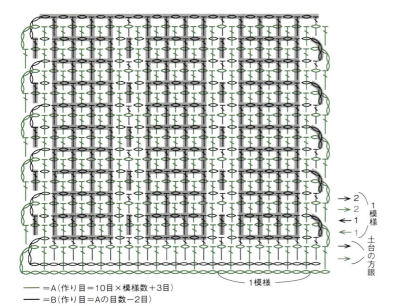

― ＝A（作り目＝10目×模様数＋3目）
― ＝B（作り目＝Aの目数−2目）

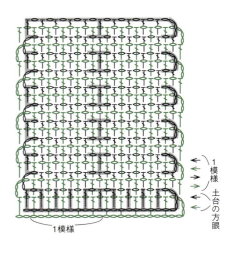

47

Double Designs 39&40 ● グラニースクエア／スタースクエア

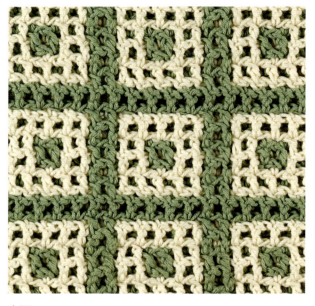

表面

裏面

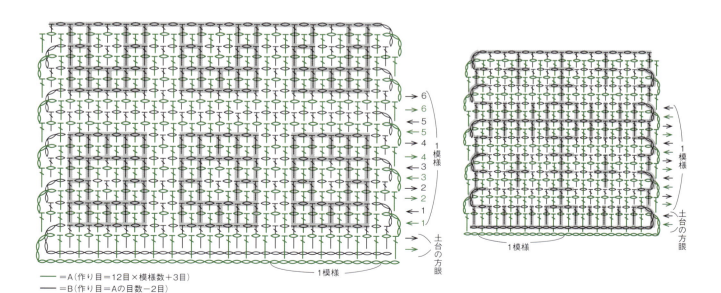

　　― =A（作り目＝12目×模様数＋3目）
　　― =B（作り目＝Aの目数−2目）

Section 2
ステッチ ライブラリー

Double Designs 41&42 ●スネーク／ロープ

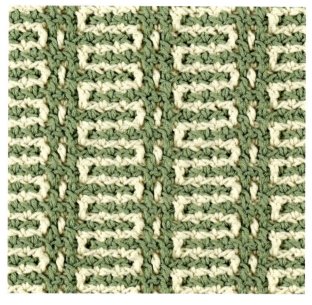

表面

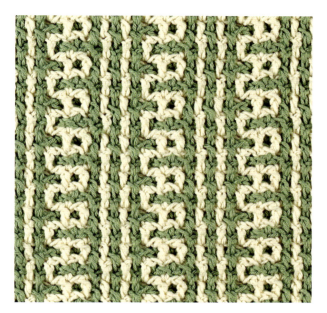

裏面

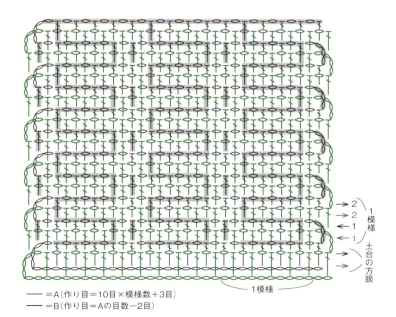

　＝A（作り目＝10目×模様数＋3目）
　＝B（作り目＝Aの目数−2目）

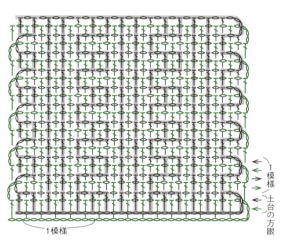

49

Double Designs 43&44 ●レンガ／波

表面

裏面

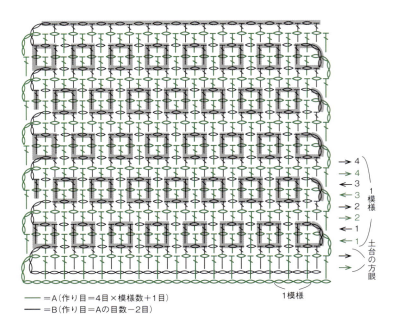

―＝A（作り目＝4目×模様数＋1目）
―＝B（作り目＝Aの目数－2目）

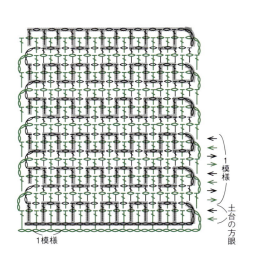

Section 2
ステッチ ライブラリー

Double Designs 45&46 ●タイルモザイク／レース模様

表面

裏面

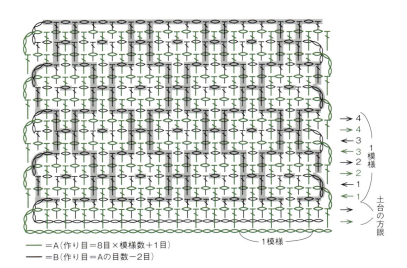

― =A（作り目＝8目×模様数＋1目）
― =B（作り目＝Aの目数－2目）

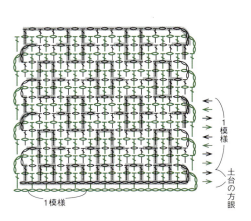

51

Double Designs 47&48 ●アスタリスク／インクマーク

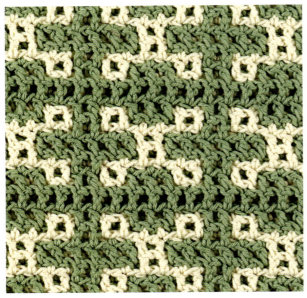

表面

裏面

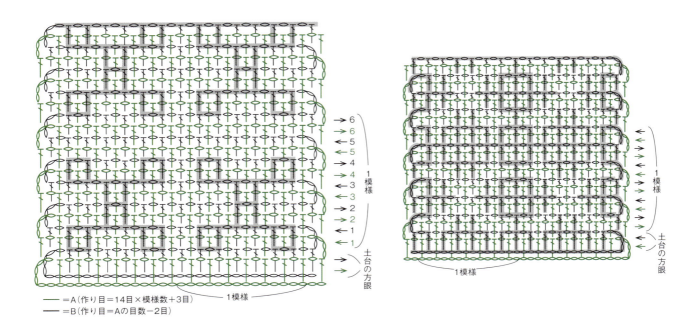

Section 2
ステッチ ライブラリー

Double Designs 49 & 50 ●バスケット／シンプルバスケット

表面

裏面

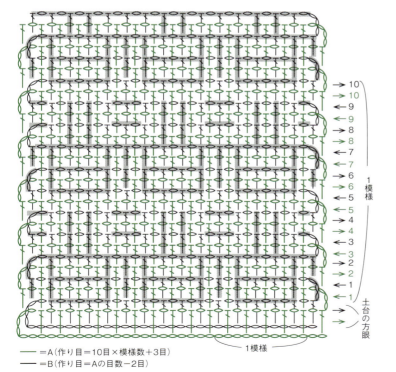

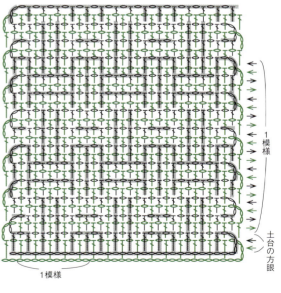

Double Designs 51&52 ●楕円／ストライプ＆ダブルチェーン

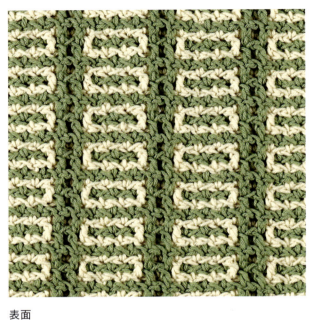

表面

裏面

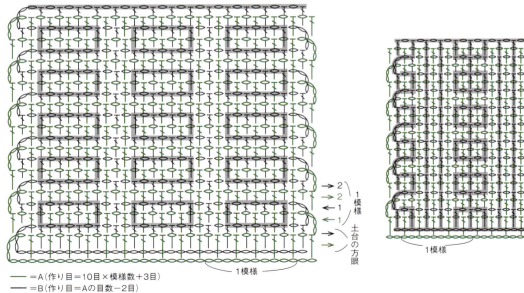

―＝A（作り目＝10目×模様数+3目）
―＝B（作り目＝Aの目数-2目）

Section 2
ステッチ ライブラリー

Double Designs 53&54 ●縞リボン／縦リボン

表面

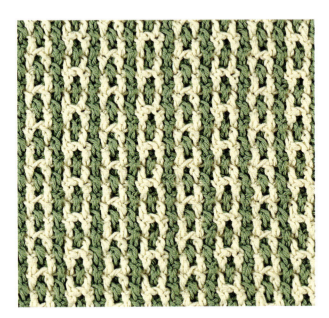

裏面

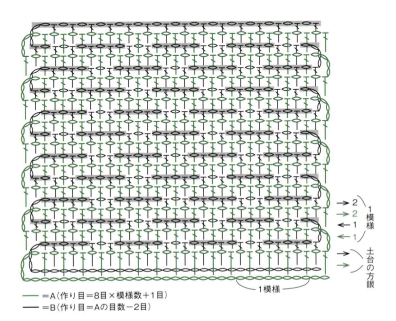

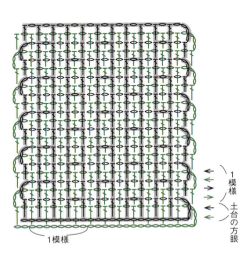

Double Designs 55&56 ●ガーデン／フォレスト

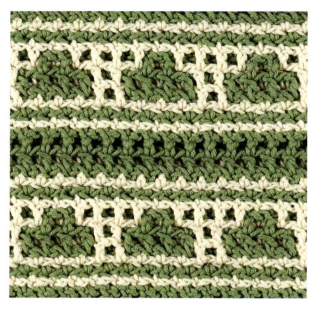

表面

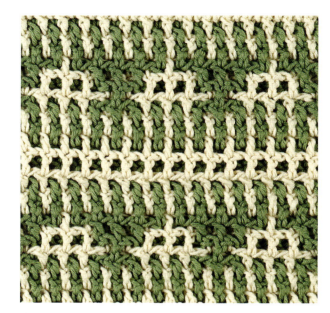

裏面

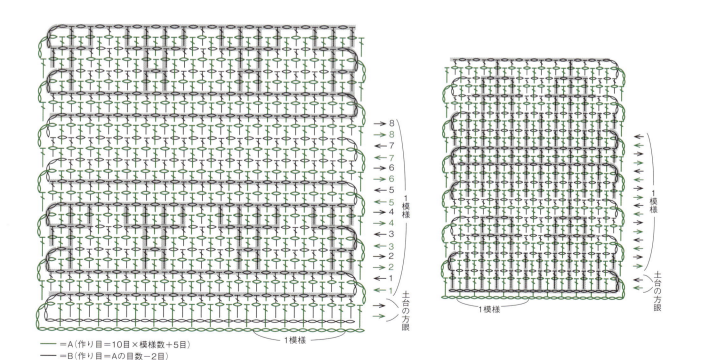

―=A（作り目＝10目×模様数＋5目）
―=B（作り目＝Aの目数−2目）

Section 2
ステッチ ライブラリー

Double Designs 57&58 ●はしご：ライト／ダーク

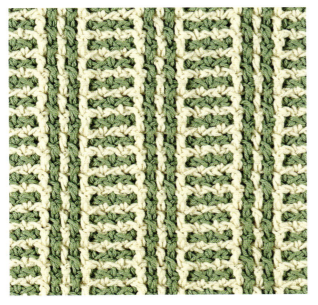

表面

裏面

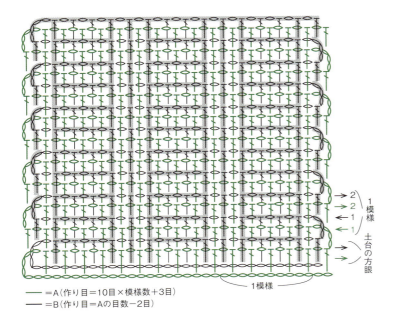

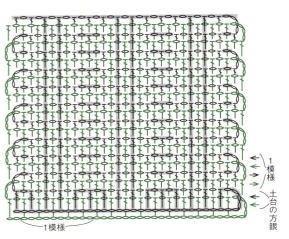

57

Double Designs 59&60 ● ボックス&スティック／シンプルプレイド

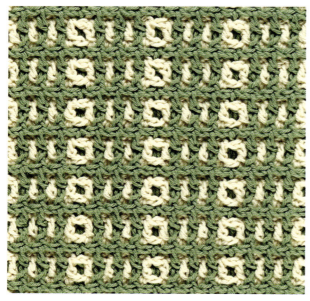

表面

裏面

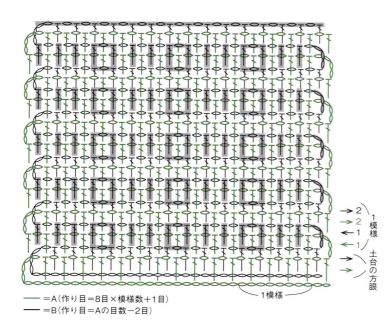

―=A（作り目=8目×模様数+1目）
―=B（作り目=Aの目数-2目）

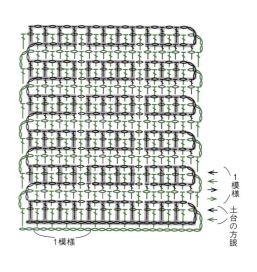

Section 2
ステッチ ライブラリー

Double Designs 61&62 ●ランニングマン／砂嵐

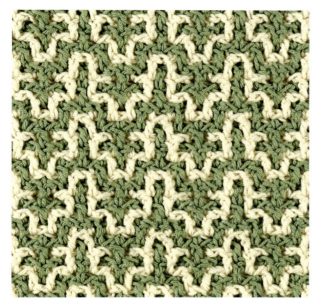

表面

裏面

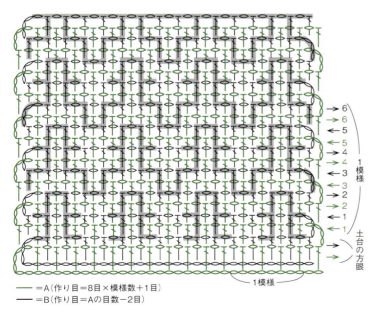

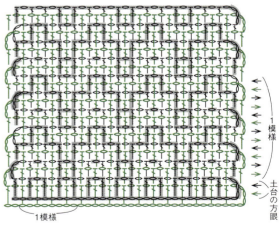

59

Double Designs 63&64 ●チェッカーボード／星空

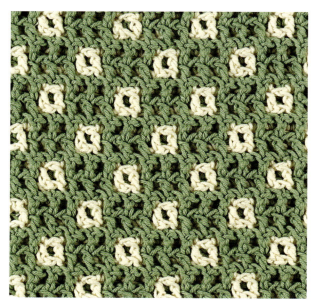

表面

裏面

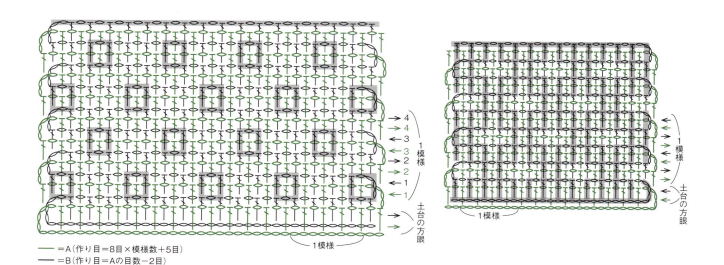

― =A（作り目=8目×模様数+5目）
― =B（作り目=Aの目数-2目）

Section 2
ステッチ ライブラリー

Double Designs 65&66 ●ボックス&ブリッジ／フェンス

表面

裏面

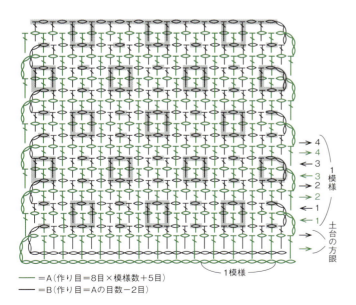

― ＝A（作り目＝8目×模様数＋5目）
― ＝B（作り目＝Aの目数－2目）

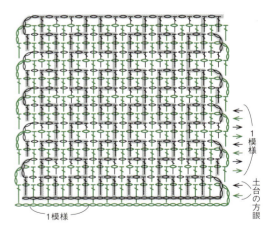

61

Double Designs 67&68 ●格子トリプルコラム／ナンバー118

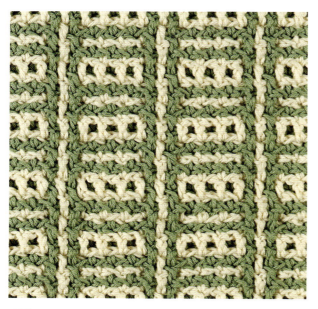

表面

裏面

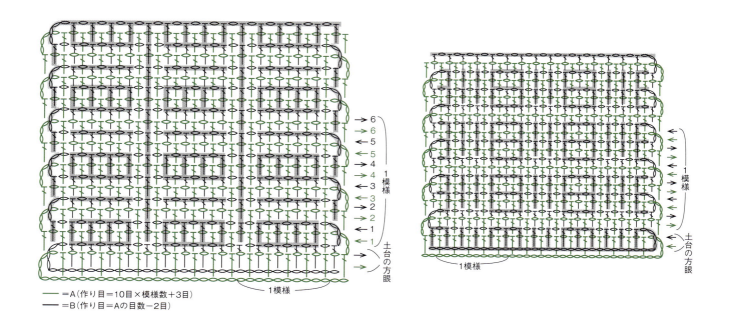

Section 2
ステッチ ライブラリー

Double Designs 69&70 ● 格子ダブルコラム／ナンバー8

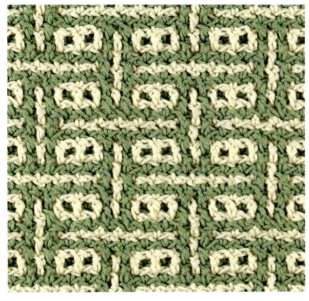

表面

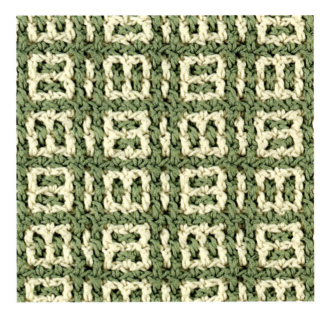

裏面

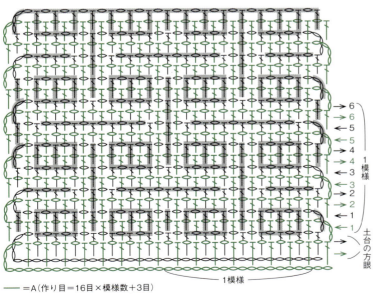

─ =A（作り目＝16目×模様数＋3目）
─ =B（作り目＝Aの目数−2目）

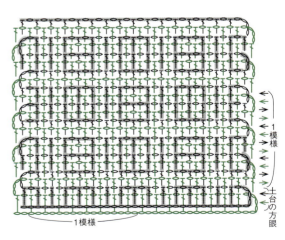

53

Section 3
作品について

　1つの作品を編む時間で、2つ仕上げることができたらうれしいと思いませんか。それを可能にするのが、リバーシブル クロッシェです。表裏の模様が違うので、編み地を返せばまったく違ったデザインに変身します。だから同時にバッグを2つ、またはスカーフを2枚編めるも同然というわけです。

バッグを作りながら、色々な編み地を試してみるのも楽しい作業です。カジュアルなキャリーオール バッグもクラシカルなトートバッグも、Double Designsの編み地を2枚編めば作ることができます。方眼状になった編み地はとじ合わせるのも簡単です。2枚合わせて縁回りを一緒に編むだけ。編み地が二重になっているので裏地も不要です。表裏を返せば新しいバッグに変身します。

ベビーブランケットも楽しみながら編めるアイテムです。本書ではDouble Designsの編み地を3つ選び、それぞれの編み地をベーシックな方眼編みでつなげました。ブランケットをめくると、別の色の異なる模様が現れます。

リバーシブル クロッシェの技法に慣れたら、オリジナル作品にも挑戦してみましょう。両面使えるベッドカバーやラグで部屋の雰囲気を手軽に変えることができます。またランチョンマットを明るいコットン糸や光沢のあるナイロン糸で編んでテーブルコーディネートに加えてみませんか。使い方は無限大。リバーシブル クロッシェの可能性をもっと探求してみてください。

秋色のスカーフ
Autumn Woods Scarf

美しく色づく秋の森のような配色のリバーシブルスカーフは、これから始まる寒い季節にぴったりなアイテム。
表面は濃紫のベースにかぼちゃ色の四角い模様が浮き出し、裏面にはかぼちゃ色のベースに線路のような連続模様が続きます。
アルパカ100％の糸で編めば、暖かい上にとてもやわらか。
長めに編んで首にくるくる巻けば、冷たい風もへっちゃらです。ゆるりと巻いて大人っぽくコーディネートしても素敵。
How to make P.68

Section 3
作品について

カラー ウェーブのスカーフ
Waves Of Color Scarf

メリハリの効いた大きな波模様を主役にしたカジュアルなスカーフです。
まぶしい太陽が照らし出す青い波、澄んだ青空に輝く波。両面、どちらが表になっても装いのアクセントとして重宝します。
デニムスタイルの差し色に使ったり、アウトドアではコートに合わせ、軽く巻いて結んでみたり。
シルク混のベビーアルパカの糸で編んだスカーフは、やわらかで羽のように軽やか。1日の気分をぐんと明るしてくれます。
How to make P.70

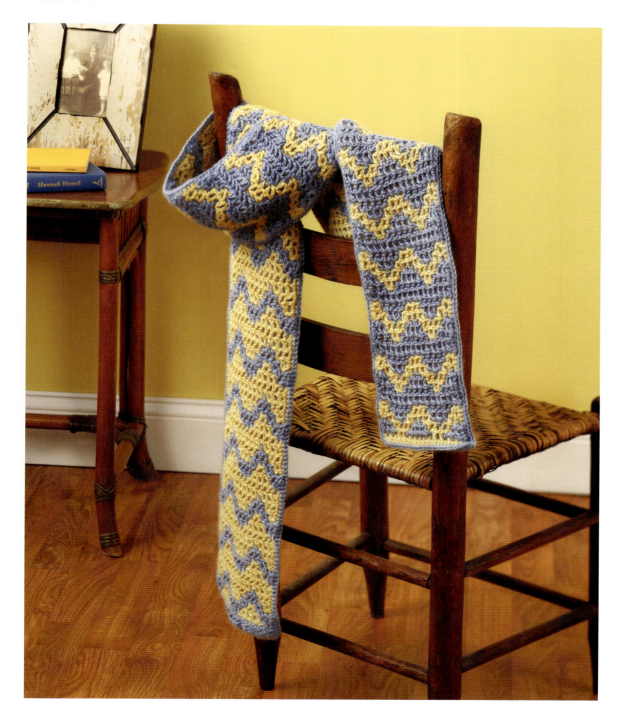

67

秋色のスカーフ …P.66
Autumn Woods Scarf

材料：並太タイプ（ベビーアルパカ100％、1玉50g／100m）
　　　A_濃紫　4玉、B_かぼちゃ色 3玉
用具：かぎ針10/0号、とじ針
ゲージ：5マス＝5cm
使用模様：Double Designs 29＆30 ボックス／レール
できあがり寸法：14×188cm

編み方のポイント
※スカーフの長さは「土台の鎖目」の目数10目で約5cm調節可能。

● 鎖の作り目でA色は361目、B色は359目作って編み始める。鎖3目で立ち上がり、間の鎖1目編み、裏山7目めに長編みを編み、続けて土台の方眼を編む。（土台の方眼編みは段数に入らない）Aは12段、Bは11段編む。

● 縁編みは表面、裏面それぞれに1段編み、2段めは2枚の目を一緒に拾って編み、まとめる。

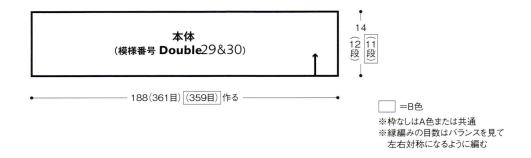

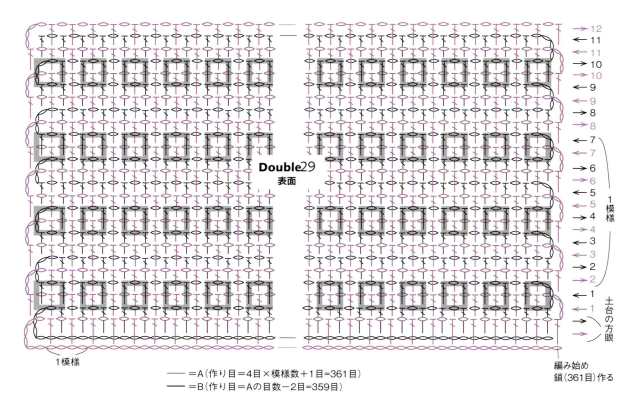

Section 3
作品について

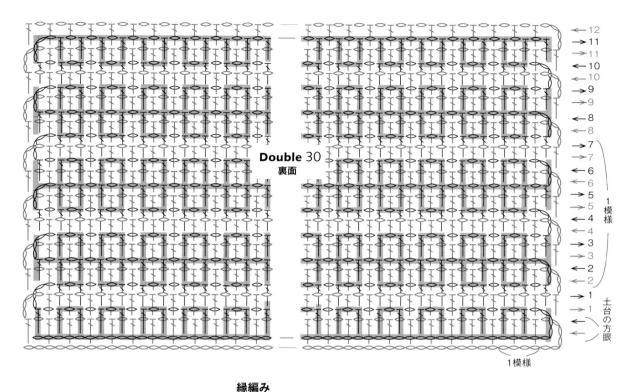

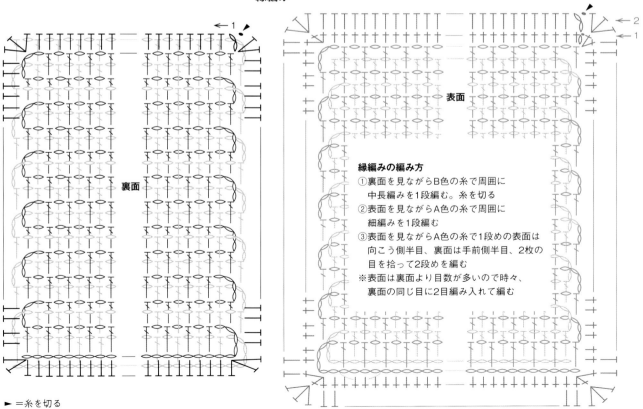

縁編みの編み方
①裏面を見ながらB色の糸で周囲に
　中長編みを1段編む。糸を切る
②表面を見ながらA色の糸で周囲に
　細編みを1段編む
③表面を見ながらA色の糸で1段めの表面は
　向こう側半目、裏面は手前側半目、2枚の
　目を拾って2段めを編む
※表面は裏面より目数が多いので時々、
　裏面の同じ目に2目編み入れて編む

▶ ＝糸を切る

カラー ウェーブのスカーフ…P.67
Waves Of Color Scarf

材料：並太タイプ（ベビースーリーアルパカ80％・シルク20％、
　　　1玉50g／100m)
　　　A_青　4玉、B_レモン色　3玉
用具：かぎ針10/0号、とじ針
ゲージ：5マス＝5cm
使用模様：Double Designs 25＆26　ウェーブ：ダーク／ライト
できあがり寸法：14×188cm

編み方のポイント
● 鎖の作り目でA色は31目、B色は29目作って編み始める。
鎖3目で立ち上がり、間の鎖1目編み、裏山7目めに長編みを編
み、続けて土台の方眼を編む。図を参照して188cmまで編む。
● 縁編みは表面、裏面とも1段編み、2段めは2枚のそれぞれの
縁編みの目を一緒に拾って編み、まとめる。

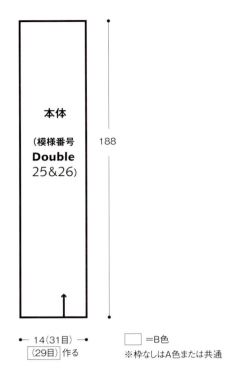

● — 14(31目) — ●
[29目] 作る

□=B色

※枠なしはA色または共通

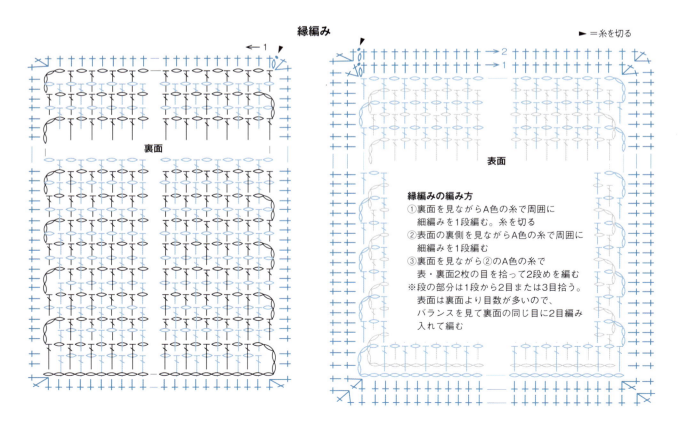

縁編みの編み方
① 裏面を見ながらA色の糸で周囲に
　細編みを1段編む。糸を切る
② 表面の裏側を見ながらA色の糸で周囲に
　細編みを1段編む
③ 裏面を見ながら②のA色の糸で
　表・裏面2枚の目を拾って2段めを編む
※段の部分は1段から2目または3目拾う。
　表面は裏面より目数が多いので、
　バランスを見て裏面の同じ目に2目編み
　入れて編む

► =糸を切る

Section 3
作品について

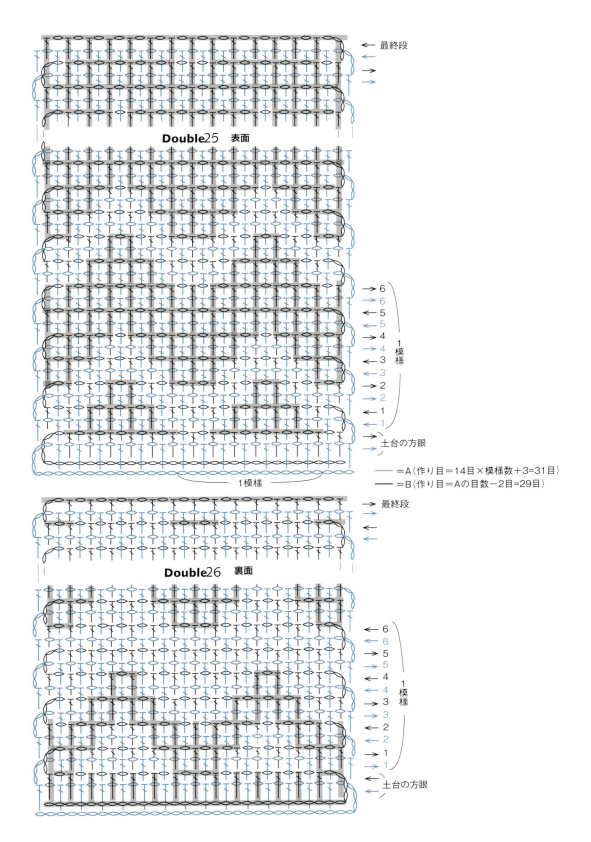

バイカラーのビジネストート
Two-Tone Business Tote

シックな黒とクリーム色のビジネストートは、仕事でも使えるおしゃれなバッグです。
表面は横縞のリボン模様、裏面は格子リボンの模様。表裏を返すだけで、まったく新しいトートになるのもお楽しみ。
耐久性のあるコットンとナイロン糸で編んでしっかりとじつけ、底は2枚仕立てにしているため、とても丈夫です。
マチも広く、収納力もあります。プライベートでも大活躍すること間違いありません。
How to make P.74

Section 3
作品について

マリンカラーの巾着バッグ
Nautical Drawstring Carryall

財布や携帯電話などの必需品がすっぽり収まる巾着バッグは、1つあると便利なアイテム。
海の青に白のチェッカーボードの模様は、夏の浜辺や海沿いのドライブシーンにとても似合います。
編み地を裏返せば、白地に青い星をちりばめた模様に変身。サマードレスに合わせ、ディナーや花火などのイベントに出かけましょう。
丈夫なコットン糸を使い、底は2枚仕立てで仕上げているので、実用面でも優れています。裏布不要、仕上げも簡単。
How to make P.76

バイカラーのビジネストート …P.72
Two-Tone Business Tote

材料：並太タイプ（ナイロン100％、1玉／137m）
　　　A_黒　5玉
　　　並太〜極太タイプ（コットン100％、1玉71g／115m）
　　　B_ソフトエクリュ　6玉
用具：かぎ針7/0〜8/0号、とじ針
　　　持ち手、マーカー
ゲージ：5マス＝5cm
使用模様：Double Designs 53＆54 縞リボン／縦リボン
できあがり寸法：40.5×28cm（マチ含まず）

編み方のポイント

●パネル1は鎖の作り目でA色は85目、B色は83目作って編み始める。鎖3目で立ち上がり、間の鎖1目編み、裏山7目めに長編みを編み、続けて土台の方眼を編む。図を参照して66cmまで編む。まとめ方を参照して周囲に細編みを1段編む。
●パネル2はパネル1と同様に編み、まとめる。
●パネル1、2を記号図通りに合わせて編みつなぎ（裏側も同様に編みつないでおくとよい）、入れ口の細編みを編む。持ち手を縫いつけてまとめる。

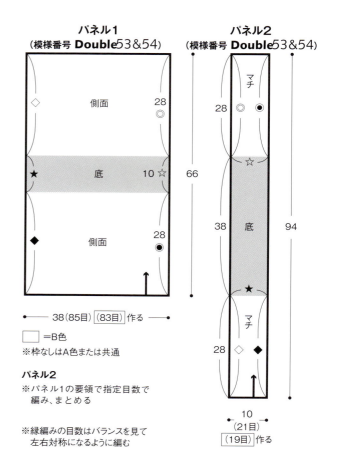

細編み
パネルのまとめ方
※表面はA色で、裏面はB色で編む　▶＝糸を切る

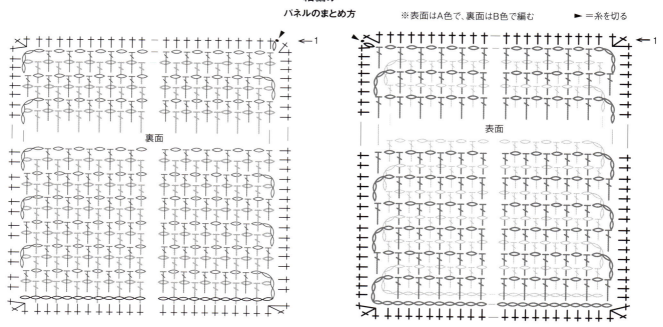

Section 3
作品について

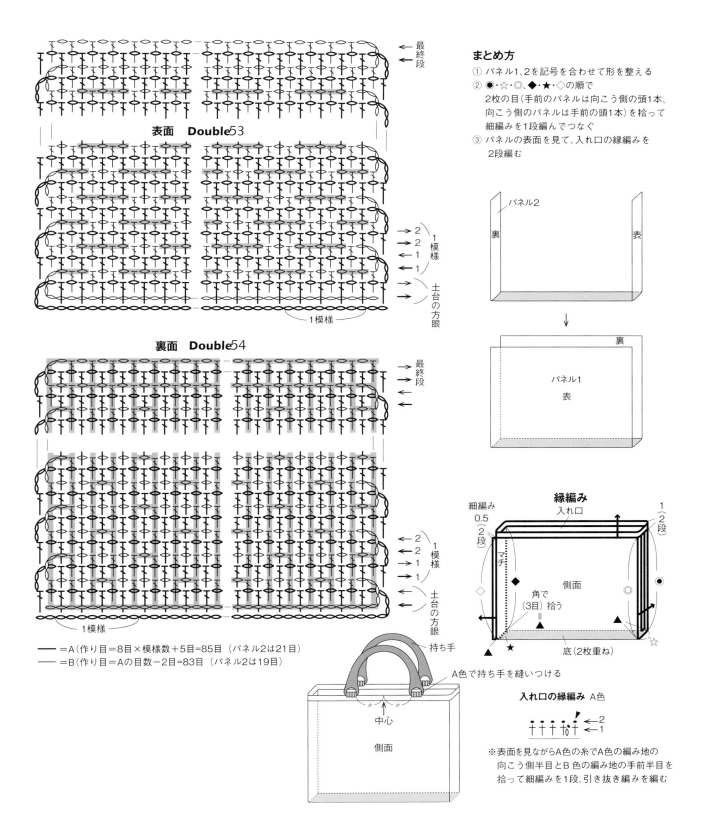

マリンカラーの巾着バッグ…P.73
Nautical Drawstring Carryall

材料：並太タイプ（コットン100％、1玉140g／216m）
　　　本体・A_青　3玉、B_白　3玉
　　　バラのモチーフ・C_赤　少量、D_黄　少量
用具：かぎ針6/0～7/0号、とじ針
　　　マーカー、直径6mmのコード（白）2m
ゲージ：5マス＝5cm
使用模様：Double Designs 63＆64　チェッカーボード／星空
できあがり寸法：39.5×21.5cm（マチ含まず）

編み方のポイント

● 鎖の作り目でA色は189目、B色は187目作って編み始める。鎖3目で立ち上がり、間の鎖1目編み、裏山7目めに長編みを編み、続けて土台の方眼を編む。（土台の方眼編みは段数に入らない）2枚を合わせて1段め～4段めをくり返し、B色は18段、A色は19段編む。

● 裏面を見ながらB色の糸で周囲に中長編みを1段編む。同じものをもう1枚編む。

● まとめ方を参照して2枚を合わせ、縁編みでつなぎながらまとめる。好みでモチーフを編んでつける。

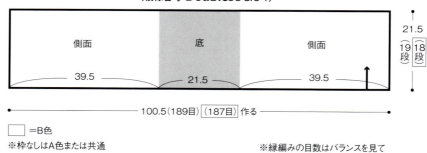

本体 2枚
（模様番号 Double63＆64）

※枠なしはA色または共通

※縁編みの目数はバランスを見て左右対称になるように編む

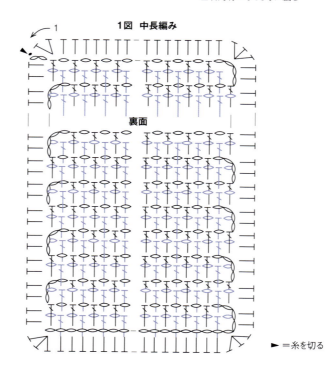

1図　中長編み

▶＝糸を切る

Section 3
作品について

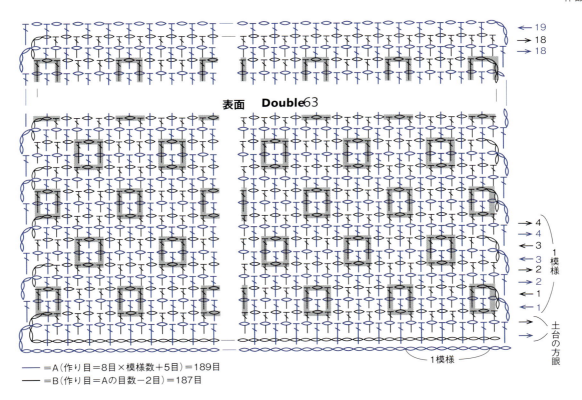

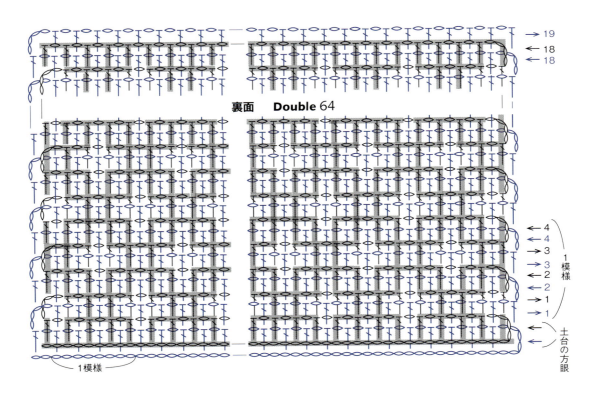

▶89ページへ続く

エンベロープ バッグ
Reversible Envelope Evening Bag

ちょっとしたお出かけに、封筒みたいなセカンドバッグはいかがでしょうか。
ショルダーひもがついているので気軽に肩から掛けられ、小ぶりでも貴重品をしっかり収納できるサイズ感が魅力です。
タイルモザイク風の模様に黒の縁どりを表面にしてクラシカルに。華やかさを演出したい場合にはレース模様と金の縁どりを表側に。
光沢のあるナイロン糸で上品に仕上げているので、外出の目的やその時々の気分で使い分けて。
How to make P.80

Section 3
作品について

イブニング バッグ
Touch Of Silver Evening Bag

このイブニングバッグはちょっとしたパーティにも使える大人のバッグです。
深みのあるリッチな色の編み地にビーズをあしらった飾りひもを通したデザインは、手にする人にエレガントな時間を与えてくれます。
シンプルな格子模様の面、シルバーをメインにしたボックス＆スティックの面、どちらを表にするかはお好みで。
いずれもドレスアップしたディナーやパーティなどで最低限の必需品を収めて持ち歩くのに最適です。
How to make P.82

エンベロープ バッグ…P.78
Reversible Envelope Evening Bag

材料：並太タイプ（ナイロン100％、1玉／137m）
　　　A_黒　1玉、B_ベージュ　1玉
用具：かぎ針7/0号、とじ針
　　　ボタン（黒）2個、手縫い糸
ゲージ：5マス＝5cm
使用模様：Double Designs 45＆46
　　　　　タイルモザイク／レース模様
できあがり寸法：18×20.5cm（ひも含まず）

編み方のポイント
●鎖の作り目でA色は41目、B色は39目作って編み始める。鎖3目で立ち上がり、間の鎖1目編み、裏山7目に長編みを編み、続けて土台の方眼を編む。編み地の長さが40.5cmになるまで1段め〜4段めをくり返し、最後は3段めを編み、変則になる最終段を編む。
●表面、裏面にそれぞれ縁編みを編む。
●まとめ方を参照して縁編みから続けてストラップを編み、まとめる。リバーシブルな仕様にする場合はボタンを表側と裏側に1つずつ縫いつける。

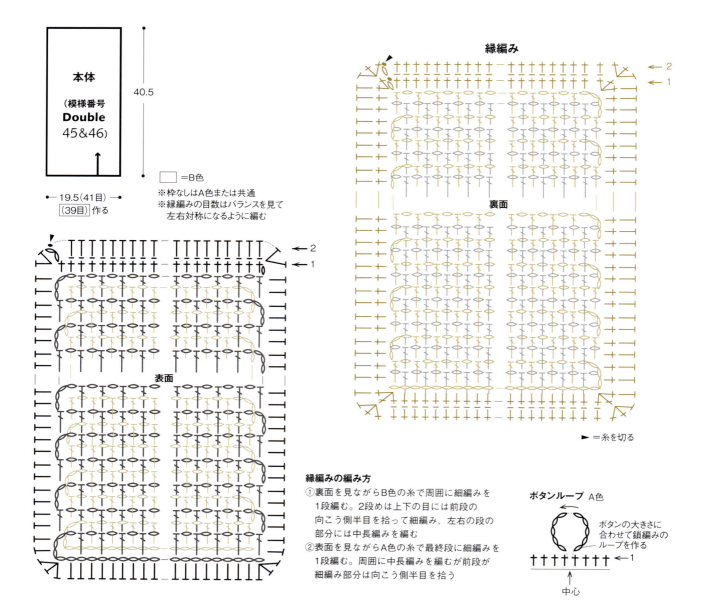

縁編みの編み方
① 裏面を見ながらB色の糸で周囲に細編みを1段編む。2段めは上下の目には前段の向こう側半目を拾って細編み、左右の段の部分には中長編みを編む
② 表面を見ながらA色の糸で最終段に細編みを1段編む。周囲に中長編みを編むが前段が細編み部分は向こう側半目を拾う

Section 3
作品について

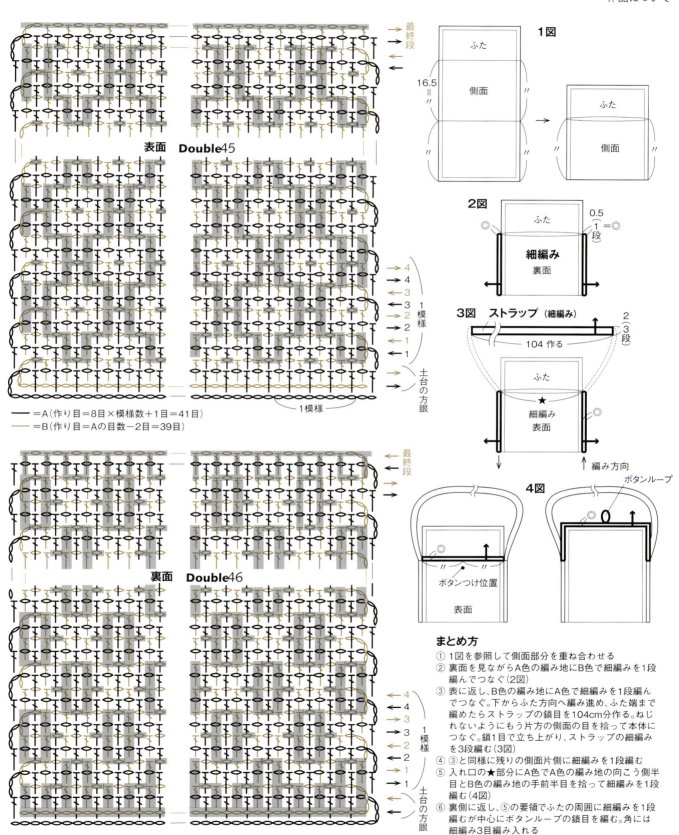

まとめ方
① 1図を参照して側面部分を重ね合わせる
② 裏面を見ながらA色の編み地にB色で細編みを1段編んでつなぐ(2図)
③ 表に返し、B色の編み地にA色で細編みを1段編んでつなぐ。下からふた方向へ編み進め、ふた端まで編めたらストラップの鎖目を104cm分作る。ねじれないようにもう片方の側面の目を拾って本体につなぐ。鎖1目で立ち上がり、ストラップの細編みを3段編む(3図)
④ ③と同様に残りの側面片側に細編みを1段編む
⑤ 入れ口の★部分にA色でA色の編み地の向こう側半目とB色の編み地の手前半目を拾って細編みを1段編む(4図)
⑥ 裏側に返し、⑤の要領でふたの周囲に細編みを1段編むが中心にボタンループの鎖目を編む。角には細編み3目編み入れる

イブニング バッグ…P.79
Touch Of Silver Evening Bag

材料：並太タイプ（ビスコース77%・レーヨン15%・ポリエス
　　　テル8%、1玉50g／105m）
　　　A_シルバー　2玉
　　　並太タイプ（コットン41%・ナイロン39%・シルク
12%・　レーヨン8%、1玉50g／109m）
　　　B_藤色　2玉
用具：かぎ針6/0～7/0号、とじ針
　　　ビーズを通したネックレス（ひも用）
ゲージ：6マス=5cm
使用模様：Double Designs 59＆60
　　　　　ボックス＆スティック／シンプルプレイド
できあがり寸法：18×26.5cm

編み方のポイント
● 鎖の作り目でA色は65目、B色は63目作って編み始める。鎖3目で立ち上がり、間の鎖1目編み、裏山7目に長編みを編み、続けて土台の方眼を編む。3、4段めのひも通し位置を編んだら、編み地の長さが28cmになるまで1段め、2段めをくり返し、最後は2段めを編む。編み終わり側の端にも3、4段めのひも通し位置を編み、もう一度1、2段めを編み、3段めA色の段を一度編む（B色は編まない）。
● 表面を見ながら縁編みをA色で1段編む。
● まとめ方を参照してまとめ、お好みでひもまたはネックレスを通す。

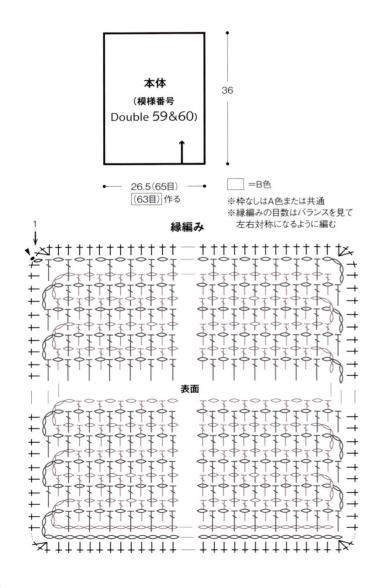

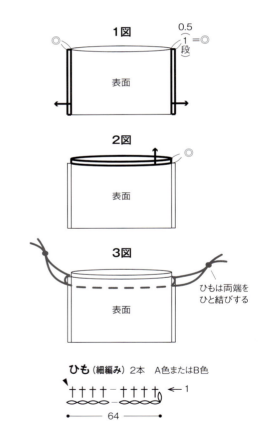

まとめ方
① 縁編みを編み、1図を参照して外表に二つ折りにする
② 表面・裏面の模様同士が合うように整え、側面2枚を合わせて両端にA色で細編みを1段編む
③ Aの編み地の向こう側半目とBの編み地の手前半目を拾ってA色で細編みを1段編む（2図）
④ ひもの場合はお好みでA色またはB色で細編みを1段編み、編み地の通し位置にあらめに縫い通してまとめる（3図）
（掲載写真は裏面を表に使用）

Section 3
作品について

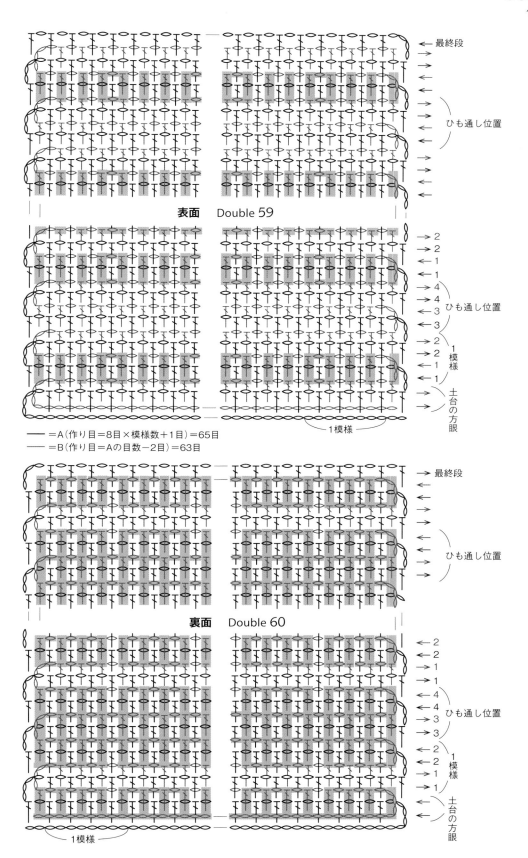

ピンクと白のベビーブランケット
Pink And White Blocks Baby Blanket

リバーシブルのベビーブランケットはとっておきの贈り物です。
新しい家族の誕生に、メモリアルになる特別なギフトとして編んでみてはいかがでしょうか。
表面は中心の配色が目を引くグラニースクエアの模様、反対側は星が輝くスクエア模様。周囲にはシェル模様の縁編みを施しました。
元気な男の赤ちゃんにはブルー系もおすすめです。包まれた赤ちゃんが心地よいように、やわらかい糸を使いましょう。
How to make P.86

Section 3
作品について

ハッピーカラーのベビーブランケット
Happy Colors Baby Blanket

このブランケットはリバーシブル クロッシェを初めて編む人が、編み地に親しむためにデザインした作品です。
基本的な模様のSingle Design 1、2、3、4 （フィレメッシュ、ジグザグ、キャッスルトップ、ライン）を組み合わせているので、
リバーシブル クロッシェの手法を自然に覚えることができます。
淡い色合いのベビーカラー3色を使ってもよいですが、カラフルな3色で楽しげに仕上げてもかわいいです。
How to make P.90

ピンクと白のベビーブランケット…P.84
Pink And White Blocks Baby Blanket

材料：極太タイプ（アクリル100％、1玉85g／137m）
　　　A_ピンク　4玉、B_白　4玉
用具：かぎ針8/0～10/0号、とじ針
ゲージ：4マス＝5cm
使用模様：Double Designs 39＆40
　　　　　グラニースクエア／スタースクエア
できあがり寸法：68.5×104cm

編み方のポイント
●鎖の作り目でA色は195目、B色は193目作って編み始める。鎖3目で立ち上がり、間の鎖1目編み、裏山7目めに長編みを編み、続けて土台の方眼を編む。1～6段めをくり返し、96段めのA色の段まで編む。
●縁編みは図を参照して表面に1段、裏面に2段編み、3段めは両面の目を一緒に拾って編み、4段まで編む。

表面

裏面

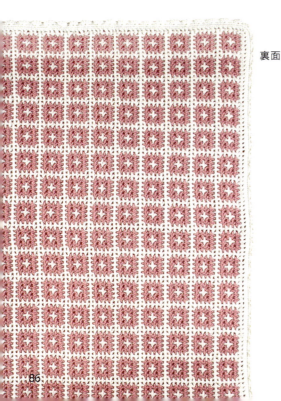

本体
（模様番号 Double39＆40）

58.5
(96段)
[95段]

5

94(195目) [193目] 作る
（縁編み）

5

□＝B色
※枠なしはA色または共通
※段数に土台の1段は含まない

Section 3
作品について

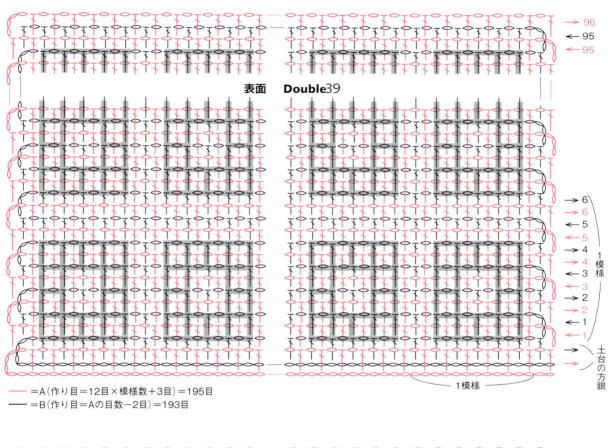

表面 **Double**39

— =A（作り目=12目×模様数+3目）=195目
— =B（作り目=Aの目数-2目）=193目

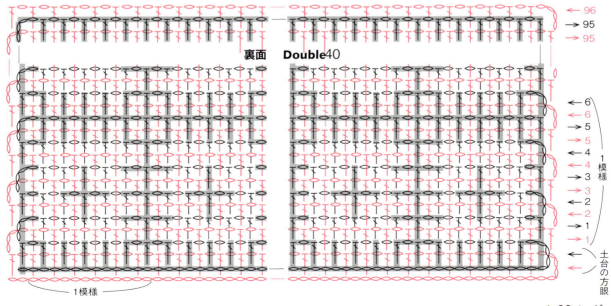

裏面 **Double**40

▶ 88ページへ続く

▶87ページの続き

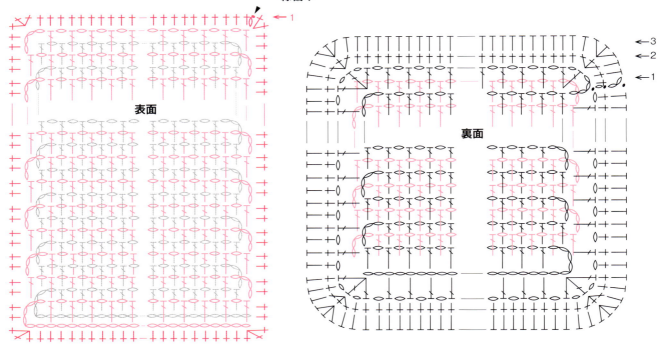

► =糸を切る

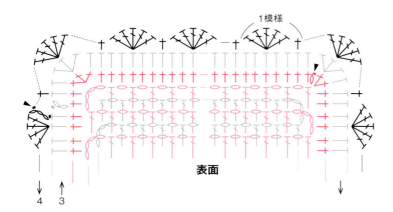

縁編みの編み方
①表面を見ながらA色の糸で周囲に
　細編みを1段編む。糸を切る
②裏面を見ながらB色の糸で周囲に
　長編みの方眼編みを1段編む。続けて2段めは
　細編みを1段編む
③3段めは裏面を見ながらB色の糸で
　表・裏面2枚の目（裏面は向こう側半目、
　表面は手前半目を拾って中長編みを編む
※段の部分は1段から2目または3目拾う。
　表面は裏面より目数が多いので時々、
　裏面の同じ目に2目編み入れて編む
④4段めは表面を見ながらB色の糸で
　図のように編む

Section 3
作品について

マリンカラーの巾着バッグ …P.73
Nautical Drawstring Carryall

▶77ページの続き

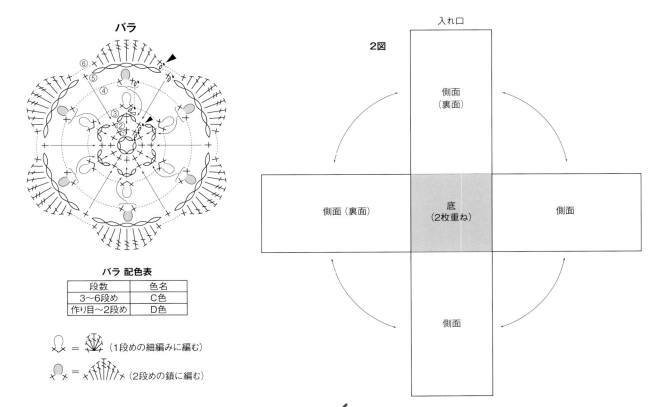

バラ 配色表

段数	色名
3～6段め	C色
作り目～2段め	D色

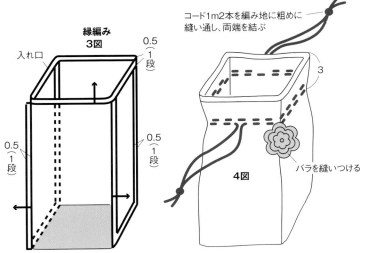

まとめ方
① B色で本体の裏面を見ながらB色の編み目を拾って中長編みを周囲に1段編む（1図）
② 本体2枚を裏面同士にし、2図のようにクロスに重ね、矢印同士を合わせる
③ 裏面を見ながらB色の糸で縁編みを編む（3図）。合わせた2枚の編み地の側面・底・側面の順でB色の目同士を拾い、細編みを1段編む。底の残り2カ所にも同様に細編みを1段編む
④ 本体を表に返す。③の要領でA色の糸でA色の目を拾って細編みを1段編む
⑤ A色の糸でA色の向こう側半目とB色の手前半目を拾って入れ口に細編みを1段編む
⑥ 4図を参照して本体にコードを通し、お好みでバラを縫いつける

ハッピーカラーのベビーブランケット…P.85
Happy Colors Baby Blanket

材料：並太タイプ (75.2% アクリル・22.2% レーヨン・
　　　2.6%、ナイロン、1玉160g ／489m)
　　　A_白 4玉、B_ブルー 1玉、C_ピンク 1玉、
　　　D_藤色 1玉
用具：かぎ針8/0 〜 10/0号、とじ針
ゲージ：5マス=5cm
使用模様：Single Designs
　　　　　1 フィレメッシュ、2 ジグザグ
　　　　　3 キャッスルトップ、6 ライン
できあがり寸法：101.5×118.5cm

編み方のポイント

●鎖の作り目でA色は197目、D色は195目作って編
み始める。鎖3目で立ち上がり、間の鎖1目編み、裏山
7目めに長編みを編み、続けて土台の方眼を編む。A
色の方眼を上にして編み始める。それぞれ1、2段めを
くり返し、編み地の長さが35.5cmになるまでSingle
2のパネルを編む。続けてA色でSingle 1を3段編み、
A色とC色でSingle 6のパネルに編み進める。図を参
照して同様に配色・模様を替えながら編む。それぞれ
のパネルの最終段は変則になるところがあるので、記
号図に注意して編み進む。

●表面を見ながらA色で縁編みを編む。

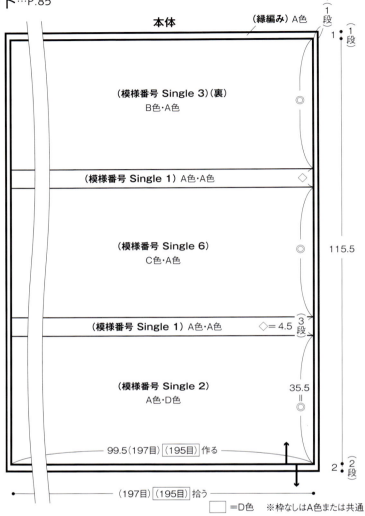

表面

縁編みの編み方
表面を見ながらA色の糸で編み始めの目に方眼編みを編み、
そのあと、周囲に1段中長編みを編む。

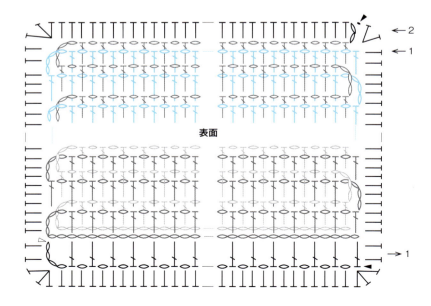

Section 3
作品について

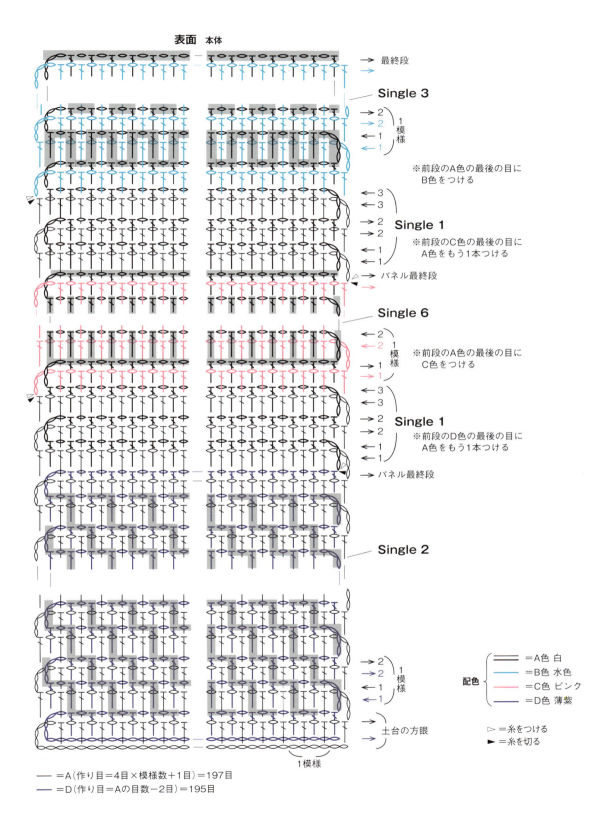

パネル ブランケット
Panel-By-Panel Afghan

編みごたえのあるリバーシブル ブランケットです。アクリル混または軽いウールで編んで、家族の団らんの部屋や書斎にいかがでしょう。
模様はDouble Designs 29（ボックス）、Single Design 2（ジグザグ）、Double Designs 11（ウィンドウ）の3模様の編み地を紺で仕切り、
縁にはDouble Designs 1（ボーダー）を。裏面はDouble Designs 30（レール）、Single Design 2（ジグザグ）、
Double Designs 12（フォーク）の3模様のパネルをゴールドで仕切り、周りはDouble Designs 2（ストライプ）を編んでいます。
How to make P.94

Section 3
作品について

ドリーム ブランケット
A Dream In Cream And Green Afghan

このブランケットは、模様のバリエーションと配色を楽しめるユニークなブランケットです。
模様のボーダーのピッチが狭いので、面積が小さい編み地は他の作品の残り糸などを有効に活用することができます。
表裏は土台をグリーン系の濃淡ですっきりとまとめつつ、模様の形を白の編み目でくっきりと際立たせました。
編み始めから続けて最後まで編み、最後にぐるりと縁編みで仕上げるので、大きなサイズながらも編みやすいデザインです。
How to make P.97

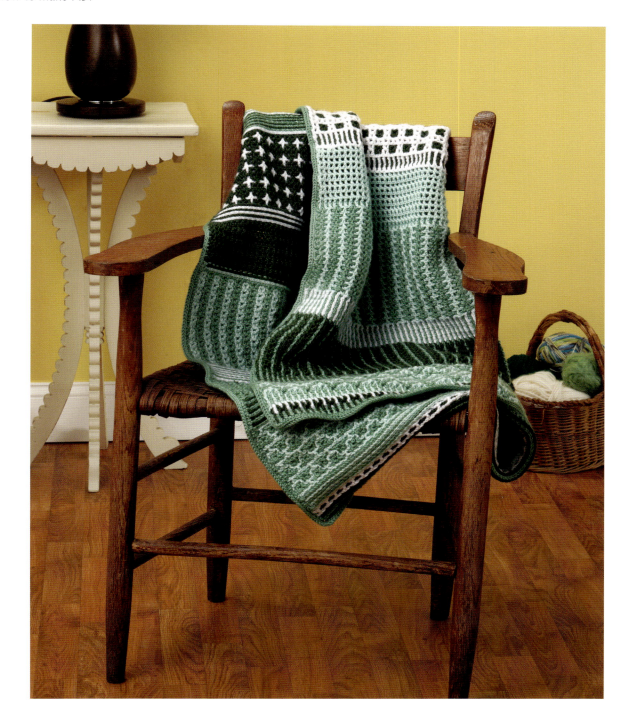

パネル ブランケット…P.92
Panel-By-Panel Afghan

材料：極太タイプ（アクリル100％、1玉100g／155m）
　　　A_ゴールド　17玉、B_紺　16玉
用具：かぎ針8/0～10/0号、とじ針
ゲージ：9マス＝10cm
使用模様：Single Design 1　フィレメッシュ
　　　　　Double Designs 1&2　ボーダー／ストライプ
　　　　　11&12　ウィンドウ／フォーク
　　　　　29&30　ボックス／レール
できあがり寸法：162.5×180.5cm

編み方のポイント
●鎖の作り目でA色は253目、B色は251目作って編み始める。鎖3目で立ち上がり、間の鎖1目編み、裏山7目めに長編みを編み、続けて土台の方眼を編む。Double 1のパネルの1、2段めをくり返し、編み地の長さが12.5cmになるまで編む。図を参照して両端23目分はDouble 1のパネルを続けて編みながら、ディバイダーと各パネルを指定寸法編む。編み終わり側も同様に編む。
●縁編みは裏面を見ながらB色で1段、表面を見ながらA色で1段編み、2段めは表面を見ながらA色で2枚の目を拾って編む。

表面　　　　　　　裏面

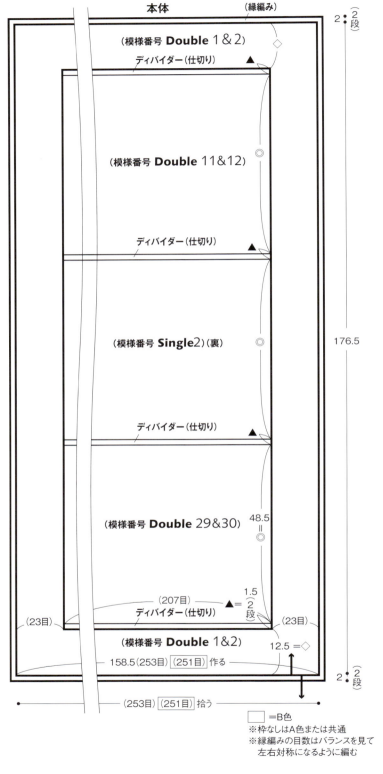

Section 3
作品について

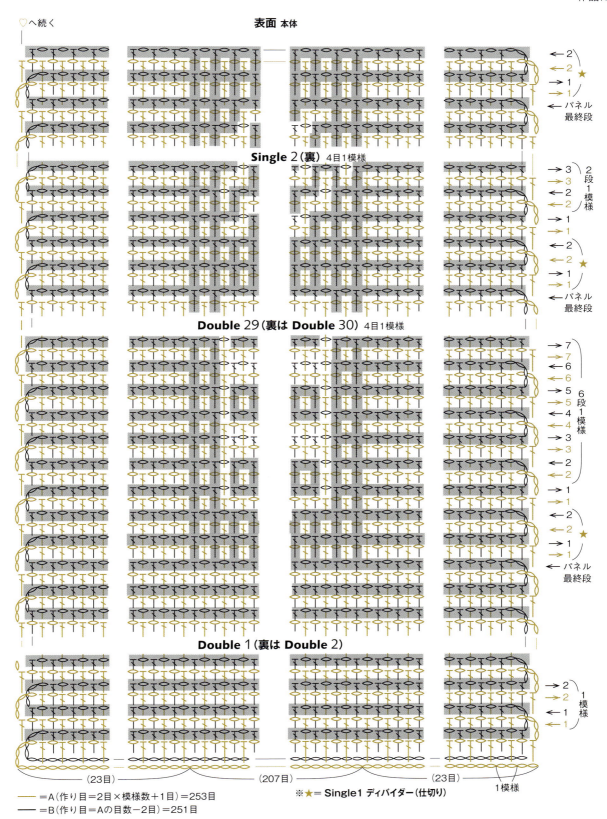

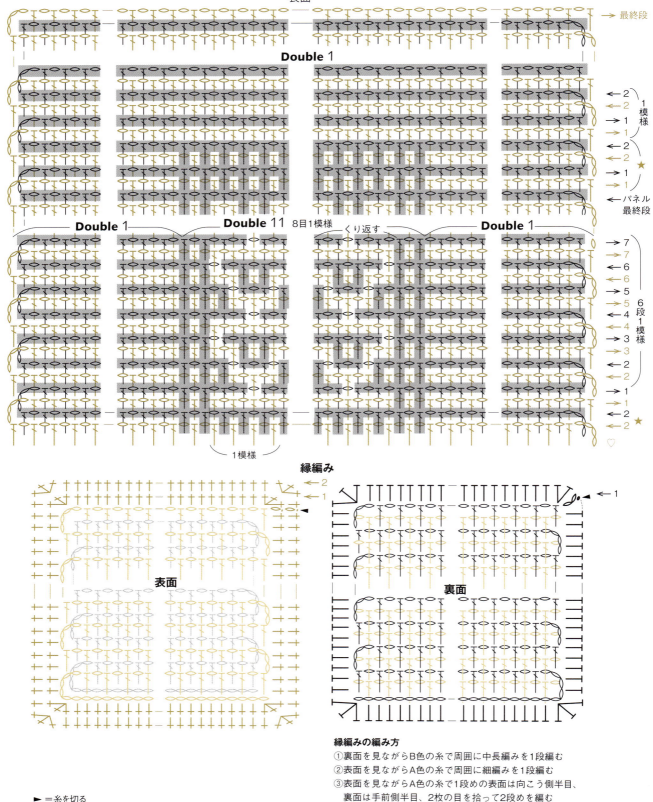

縁編みの編み方
①裏面を見ながらB色の糸で周囲に中長編みを1段編む
②表面を見ながらA色の糸で周囲に細編みを1段編む
③表面を見ながらA色の糸で1段めの表面は向こう側半目、
　裏面は手前側半目、2枚の目を拾って2段めを編む
※表面は裏面より目数が多いので時々、裏面の同じ目に2目編み入れて編む

▶ =糸を切る

Section 3
作品について

ドリーム ブランケット …P.93
A Dream In Cream And Green Afghan

材料：極太タイプ（アクリル100％、1玉198g／335m）
　　　A_セージ　4玉、B_淡グリーン　2玉、
　　　C_深緑　3玉、D_白　2玉
用具：かぎ針8/0号、とじ針
ゲージ：5マス＝5cm
使用模様：Single Design　1 フィレメッシュ、2 ジグザグ
　　　　　Double Designs　3&4 グラフ／ダブルコラム
　　　　　　　　　　　　　5&6 スクエア／クロス
　　　　　　　　　　　　　7&8 ダブルコラム／フェザー
　　　　　　　　　　　　　11&12 ウィンドウ／フォーク
　　　　　　　　　　　　　31&32 チェーン／罫線

できあがり寸法：106.5×124.5cm
編み方のポイント
●鎖の作り目でA色は215目、B色は213目作って編み始める。鎖3目で立ち上がり、間の鎖1目編み、裏山7目めに長編みを編み、続けて土台の方眼を編み最初のパネルに編み進める。4、5段めをくり返し、編み地の長さが5cmになるまで編む。図を参照してディバイダーと各パネルを指定寸法編む。
●裏面を見ながらA色で縁編みを編む。

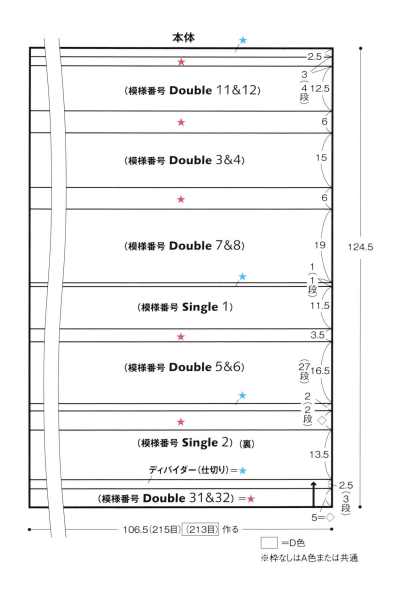

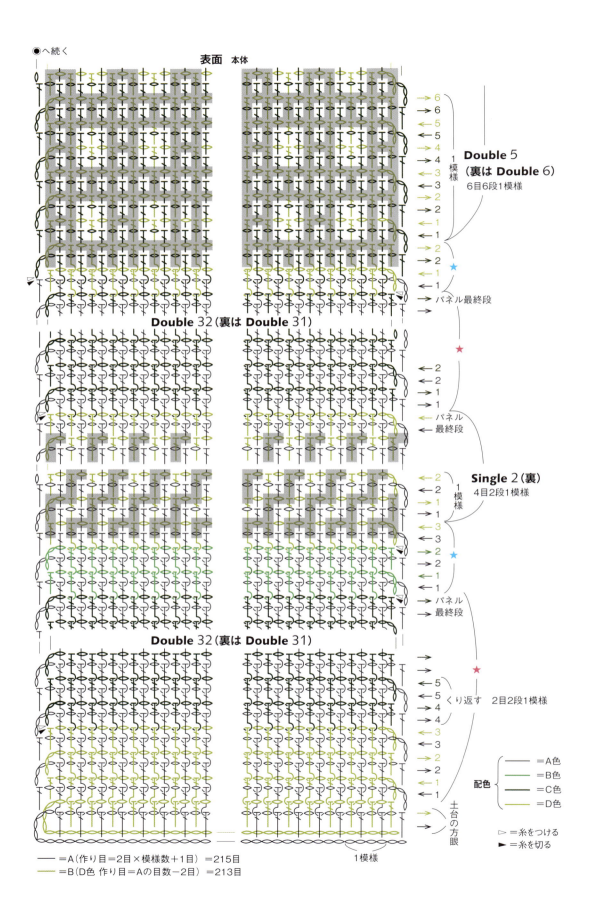

Section 3
作品について

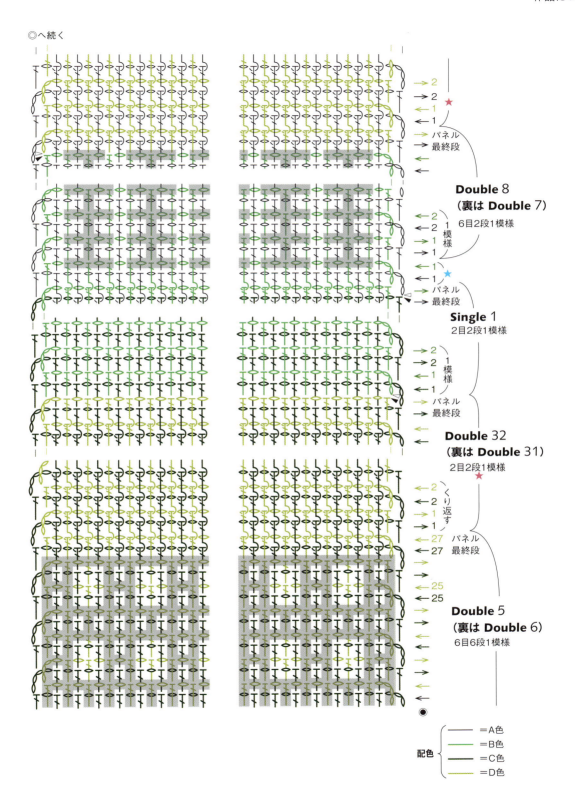

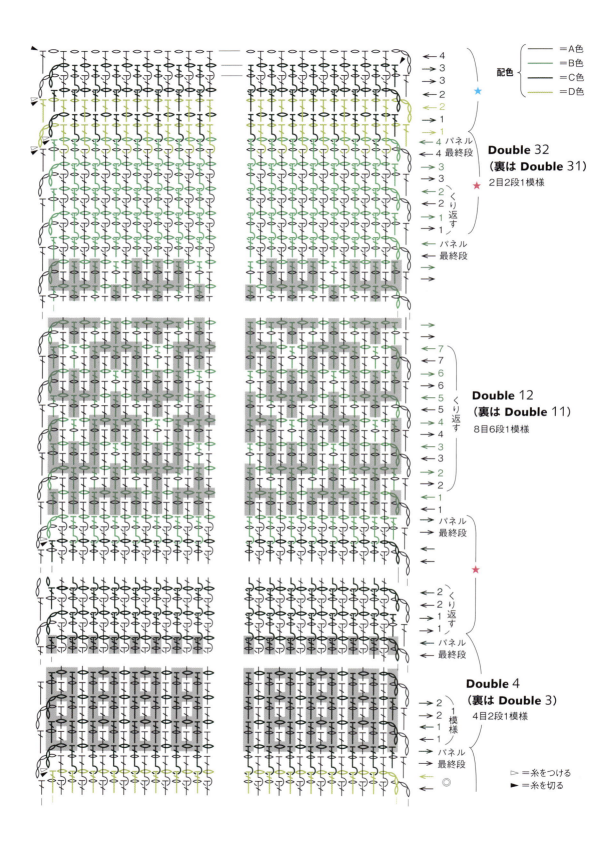

Section 3
作品について

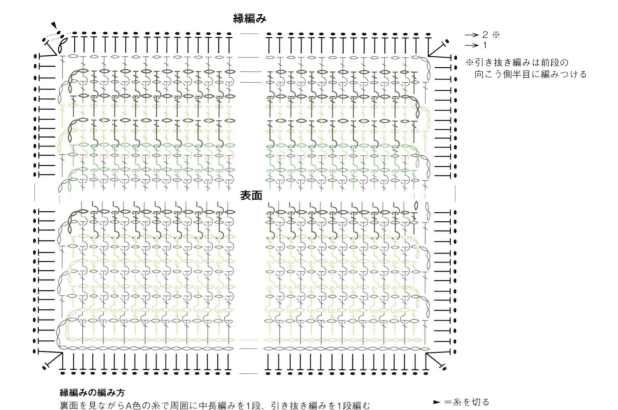

縁編みの編み方
裏面を見ながらA色の糸で周囲に中長編みを1段、引き抜き編みを1段編む
※段の部分は1段から2目または3目拾う。縁編みの目数はバランスを見て左右対称になるように編む

► ＝糸を切る

表面

裏面

編み目記号の編み方

◯ 鎖編み目 (くさりあみめ)

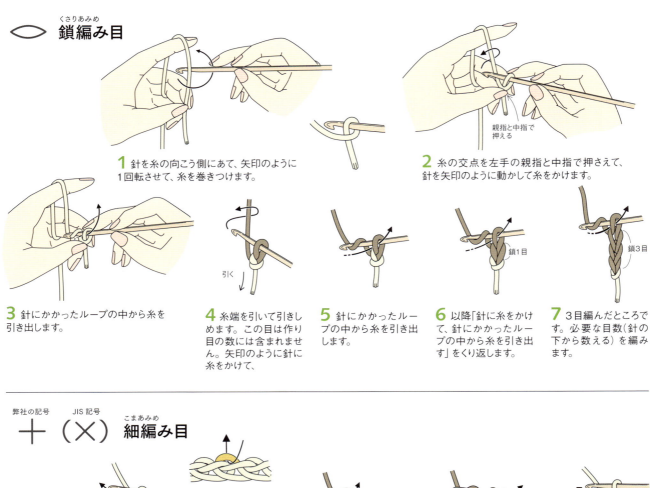

1 針を糸の向こう側にあて、矢印のように1回転させて、糸を巻きつけます。

2 糸の交点を左手の親指と中指で押さえて、針を矢印のように動かして糸をかけます。

3 針にかかったループの中から糸を引き出します。

4 糸端を引いて引きしめます。この目は作り目の数には含まれません。矢印のように針に糸をかけて、

5 針にかかったループの中から糸を引き出します。

6 以降「針に糸をかけて、針にかかったループの中から糸を引き出す」をくり返します。

7 3目編んだところです。必要な目数(針の下から数える)を編みます。

＋ (✕) 細編み目 (こまあみめ)

弊社の記号 ＋　JIS記号 (✕)

1 矢印のように鎖の裏山に針を入れ、

2 針に糸を向こう側から手前にかけて、矢印のように引き出します。

3 もう一度針に糸をかけて、針にかかっている2ループを一度に引き抜きます。

4 細編みのでき上がりです。

T 中長編み目 (ちゅうながあみめ)

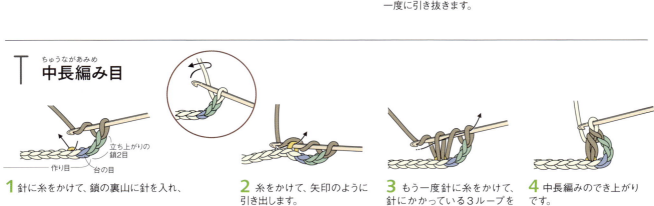

1 針に糸をかけて、鎖の裏山に針を入れ、

2 糸をかけて、矢印のように引き出します。

3 もう一度針に糸をかけて、針にかかっている3ループを一度に引き抜きます。

4 中長編みのでき上がりです。

長編み目 (ながあみめ)

1 針に糸をかけて、鎖の裏山に針を入れ、

2 糸をかけて、矢印のように引き出します。

3 針に糸をかけて、針先の2ループを引き抜き、

4 もう一度糸をかけて、残りの2ループを引き抜きます。

5 長編みのでき上がりです。

長々編み目 (ながながあみめ)

  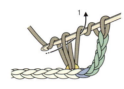  

1 針に2回糸を巻いて、鎖の裏山に針を入れ、

2 糸をかけて引き出します。

3 針に糸をかけて、矢印のように針先の2ループを引き抜き、

4 もう一度糸をかけて2ループを引き抜き、針に残った2ループを引き抜きます。

5 長々編みのでき上がりです。

長編みの表引き上げ編み目 (ながあみのおもてひきあげあみめ)

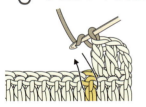 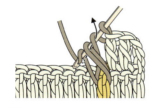  

1 針に糸をかけ、前段の長編みの足全体をすくうように、手前から針を入れて手前に出します。

2 糸をかけて長めに引き出します。針先の2ループを引き抜き、

3 さらに糸をかけ、残りの2ループを引き抜きます。

4 長編みの表引き上げ編み目のでき上がりです。

長編みの裏引き上げ編み目 (ながあみのうらひきあげあみめ)

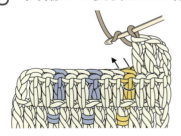 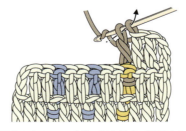 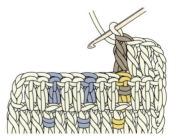

1 針に糸をかけ、前段の長編みの足全体をすくうように、向こう側から針を入れて向こう側に出し、糸をかけて長めに引き出します。

2 針先から2ループずつ引き抜き、長編みを編みます。

3 長編みの裏引き上げ編み目のでき上がりです。

103

Tanis Galik
タニス・ガリック

クロッシェデザイナー。リバーシブル編みの技法を取得後、20年余に渡ってその活用法を研究し、豊富なパターンを考案。著書『Interlocking Crochet』を始め、雑誌、書籍、YouTubeなどで作品や技法を紹介している。クロッシェ・ギルド・オブ・アメリカのメンバー。演劇やミュージカルの脚本家としても活躍。

本書はタニス・ガリック著
『Interlocking Crochet』を日本語版
として和訳編集したものです。

Interlocking Crochet by Tanis Galik
Copyright © Tanis Galik, 2010
First published by Krause Publications, an imprint of Penguin Publishing Group, a division of Penguin Random House LLC.

All rights reserved including the right of reproduction in whole or in part in any form.
This edition published by arrangement with Krause Publications, an imprint of Penguin Publishing Group, a division of Penguin Random House LLC., New York
through Tuttle Mori Agency, Inc., Tokyo

[日本語版 Staff]
翻訳／西村知子
ブックデザイン／寺山文恵
作り方製図・トレース／西田千尋　村木美佐子
編集協力／中田早苗　大前かおり　鈴木博子
編集／曽我圭子

[英語版 Staff]
Edited by Nancy Breen, Liz Casler & Jennifer Claydon
Designed by Steven Peters
Production coordinated by Greg Nock
Photography by Ric Deliantoni
Styled by Nora Martini
Illustrated by Kara Gott

●本誌に掲載する著作物の複写に関わる複製、上映、譲渡、公衆送信（送信可能化を含む）の各権利は株式会社日本ヴォーグ社が管理の委託を受けております。
JCOPY ＜（社）出版著作権管理機構　委託出版物＞
●本書の無断複写は著作権法上での例外を除き禁じられています。複写される場合は、そのつど事前に、（社）出版者著作権管理機構（電話 03-5244-5088、FAX 03-5244-5089、e-mail: info@jcopy.or.jp）の許諾を得てください。

Reversible Crochet
リバーシブル クロッシェ

発行日／2019 年 12 月 3 日
著者／タニス・ガリック
発行人／瀬戸信昭
編集人／巖樫 融
発行所／株式会社日本ヴォーグ社
〒164-8705　東京都中野区弥生町 5-6-11
TEL 03-3383-0628（販売）　03-3383-0637（編集）
出版受注センター／ TEL 03-3383-0650　FAX 03-3383-0680
振替／ 00170-4-9877
印刷所／株式会社シナノ
Printed in Japan
©Tanis Galik 2019
NV70527
ISBN978-4-529-05879-7　C5077

あなたに感謝しております We are grateful.

手づくりの大好きなあなたが、
この本をお選びくださいましてありがとうございます。
内容はいかがでしたでしょうか？
本書が少しでもお役に立てば、こんなにうれしいことはありません。
日本ヴォーグ社では、手づくりを愛する方とのおつき合いを大切にし、ご要望におこたえする商品、サービスの実現を常に目標としています。小社及び出版物について、何かお気づきの点やご意見がございましたら、何なりとお申し出ください。そういうあなたに、私共は常に感謝しております。

　　　　　　　　　　株式会社日本ヴォーグ社　社長　瀬戸信昭
　　　　　　　　　　　　　　　　FAX　03-3383-0602

日本ヴォーグ社関連情報はこちら
（出版、通信販売、通信講座、スクール・レッスン）
https://www.tezukuritown.com/　手づくりタウン　検索